一看就懂的哲学

INSTANT PHILOSOPHY

KEY THINKERS, THEORIES, CONCEPTS AND DEVELOPMENTS
EXPLAINED ON A SINGLE PAGE

［英］加雷思·索思韦尔（Gareth Southwell） 著

潘文哲 译

中国科学技术出版社

·北 京·

Instant Philosophy by Gareth Southwell/ISBN:978-1-78739-420-9
First Published in 2021 by Welbeck,
an imprint of Welbeck Non-Fiction Limited,
part of the Welbeck Publishing Group
Copyright ©Welbeck Non-Fiction Limited 2021
All Rights Reserved.
Simplified Chinese rights arranged through CA-LINK International LLC (www.ca-link.cn)
北京市版权局著作权合同登记　图字：01-2022-0960。

图书在版编目（CIP）数据

　　一看就懂的哲学 /（英）加雷思·索思韦尔著；潘文哲译 . -- 北京：中国科学技术出版社，2023.5
　　书名原文：Instant Philosophy: Key Thinkers, Theories, Concepts and Developments Explained on a Single Page
　　ISBN 978-7-5236-0073-3

　　Ⅰ.①一⋯ Ⅱ.①加⋯ ②潘⋯ Ⅲ.①哲学—通俗读物 Ⅳ.① B-49

中国国家版本馆 CIP 数据核字 (2023) 第 036298 号

策划编辑	杜凡如　　王雪娇
责任编辑	刘　畅
封面设计	仙境设计
版式设计	蚂蚁设计
责任校对	张晓莉
责任印制	李晓霖

出　　版	中国科学技术出版社
发　　行	中国科学技术出版社有限公司发行部
地　　址	北京市海淀区中关村南大街 16 号
邮　　编	100081
发行电话	010-62173865
传　　真	010-62173081
网　　址	http://www.cspbooks.com.cn

开　　本	787mm×1092mm 1/16
字　　数	207 千字
印　　张	11.5
版　　次	2023 年 5 月第 1 版
印　　次	2023 年 5 月第 1 次印刷
印　　刷	北京盛通印刷股份有限公司
书　　号	ISBN 978-7-5236-0073-3 / B·123
定　　价	79.00 元

（凡购买本社图书，如有缺页、倒页、脱页者，本社发行部负责调换）

引 言

给哲学下定义并不是一件容易的事——事实上，我们最有可能达成一致的观点是：哲学大约于2500年前起源于古希腊。在此期间，哲学与其他众多学科分离，或者说共同发展，却仍能保持自身的独立性。因此，如果你明天要报名去上哲学课，那么你会发现：尽管课上讨论的都是诸如"上帝的存在""心灵的本质"或"完美的政治体制"一类的问题，但严格意义上讲，你并不是在讨论神学、心理学或政治学。

哲学之所以能独立于其他学科，就在于它探寻的是一种独特的答案。这种独立性甚至体现在它触及其他学科对象的时候，简单来说，我们所提出的问题本质越是深入和深刻，我们就越有可能在进行哲学思辨。物理学家也许会问：宇宙是如何起源的？但他们不会进一步追问这种起源的原因，甚或人类存在的意义。心理学家也许会试图去理解心灵起作用的方式，但不太可能通过探索"我们如何知道他心是否如我心"（即便我们假设这个问题能够得到某种实验的验证）这类问题而申请到资助。诚然，哲学与其他学科之间存在着某种程度的交叉，但我也并不想要提倡我们应该（或者说可能）在它们之间划一条明确的学科分界线。事实上，哲学家从自己初创的探索领域中被"驱逐"出去的情况在哲学史中不胜枚举（物理学和心理学就是两个很好的例子）。我想指出的仅仅是：哲学所探寻的答案在某种意义上是不同于其他学科的。

要理解哲学的这种独立性，最佳的方式无疑是一头猛扎进"哲学的汪洋"之中——而这正是本书发挥作用的地方。当然，我并不奢望通过这样一本小书就能让读者对哲学有一个透彻的了解，因为本书无论从内容的深度或是细节的完善度上都未能达到这一目标——但试问又有哪一本书能做到这一点呢？相反，本书试图用浅显易懂的、有趣的、穿插着幽默叙述的方式，来解读哲学中的一些关键理论、核心概念、主要发展历程以及思想大家。因此，我希望你们能够找到自己感兴趣的东西，并且激发出足够的好奇心，以便进一步深入了解哲学（为此，本书结尾处还列有一个简短的术语表）。在阅读过程中，以及在理解哲学家们的各种争论（很多争论至今仍未平息）的过程中，你们可能会对"什么是哲学"这个问题有更深刻的体会。无论如何，总会比光读这篇简介要强得多！

本书大体上采用了时间顺序的方法来梳理这门学科——涵盖了从古希腊到当代的哲学史——研究了哲学界的几个主要领域，其中包括：形而上学（存在及存在者的本质）、认识论（即知识的理论，讨论了"我们能知道什么"和"我们如何认识事物"；以及确定性在认识中的作用）、政治哲学（涉及政体的最佳形式；个人的自由；政治权威的合法性）、伦理学（涉及善的本质；"我们为什么应该为善"；行为的正当性）、美学（艺术哲学——涉及美的本质；艺术和真理）、心灵哲学（涉及心灵与身体之间的关系；意识的本质）、宗教哲学（涉及上帝存在的论证；恶的问题）以及科学哲学（涉及科学理论的本质；"我们如何能确保科学的真理"）。当然，这种区分并不是对哲学学科的严格分类——通常我们所探讨的主题可能会跨越多个领域，也或者可以被归入上文中未涉及的其他哲学领域——然而，为了简明起见，我已经尽可能地做了粗略的分类（希望读者能够谅解）。我们也用了类似的方法来划分哲学家的"流派"，这一划分方法仅仅是为了说明某一哲学家大致的研究方向，而不代表他就真的分属于任一严格意义上的哲学派别。

我还要提醒读者们注意：本书所涵盖的内容（除了一些显而易见的例外情况之外）主要是"西方"哲学。我这样做并不是要贬低其他传统思想的重要性，只是要去探讨那些被大多数人视作是"哲学"的内容（如果人们在本书中没有发现这些内容的话，也许会感到不可思议）。我的这种做法或许不能让所有的人都感到满意，但是本书涉及的主题和思想家本来就不是为了对他们做出定论——就像我说的那样，本书只是希望为进一步的探讨起到抛砖引玉的作用，并且，就一些具有争议性的问题来说，比如"哲学到底是什么"以及"哲学到底在干什么"，本书已经提供了足够丰富的答案。

目 录

001　古代哲学和经典哲学

- 002　自然哲学
- 003　道家
- 004　数
- 005　痛苦
- 006　儒家思想
- 007　万物皆流
- 008　悖论
- 009　智者派
- 010　原子论
- 011　苏格拉底的方法
- 012　苏格拉底之死
- 013　共相
- 014　道德实在论
- 015　理想国
- 016　艺术与谎言
- 017　犬儒主义
- 018　美德
- 019　目的论
- 020　公民权利
- 021　净化
- 022　友谊
- 023　幻相
- 024　节制
- 025　死亡
- 026　恶的问题
- 027　正义战争
- 028　斯多葛主义
- 029　爱任纽的神正论

031　中世纪和文艺复兴时期哲学

- 032　原罪
- 033　新柏拉图主义
- 034　基督教哲学
- 035　禅
- 036　伊斯兰哲学
- 037　本体论论证
- 038　经院哲学
- 039　宇宙论证明
- 040　奥卡姆剃刀
- 041　人文主义

- 042　政治现实主义
- 043　乌托邦
- 044　怀疑主义

045　早期现代哲学

- 046　科学方法
- 047　自然状态
- 048　确定性
- 049　理性主义
- 050　二元论
- 051　商标论证
- 052　帕斯卡的赌注
- 053　一元论
- 054　经验主义
- 055　宽容
- 056　人格同一性
- 057　充足理由律
- 058　可能世界
- 059　观念论
- 060　武士道
- 061　休谟之叉
- 062　"是"与"应当"之间的鸿沟
- 063　归纳问题
- 064　目的论论证
- 065　神迹
- 066　浪漫主义
- 067　自由市场
- 068　启蒙哲学家

069　后期现代哲学

- 070　先验观念论
- 071　义务论
- 072　权利
- 073　崇高
- 074　关于上帝存在的道德论证
- 075　保守主义
- 076　革命
- 077　功利主义
- 078　动物权利
- 079　女性权利
- 080　辩证法
- 081　悲观主义
- 082　人本主义
- 083　伦理利己主义
- 084　规则功利主义
- 085　伤害原则
- 086　民主
- 087　进化论
- 088　恐惧
- 089　公民的不服从

090	异化	094	信念
091	上层建筑	095	无政府主义
092	实用主义	096	虚无主义
093	自由意志	097	权力意志

099　当代哲学

100	意向性	122	本真性
101	生命哲学	123	极权主义
102	不完全决定性	124	他者
103	时间	125	自然主义
104	数学	126	概念图式
105	非存在	127	女性主义
106	他心问题	128	德木格
107	结构主义	129	证伪
108	自然主义谬误	130	情感主义
109	形式主义	131	人工智能
110	存在	132	荒诞
111	表现主义	133	自由
112	言说与显示	134	同一论
113	私人语言	135	解释学
114	确证悖论	136	情境主义
115	新的归纳之谜	137	知识
116	消费主义	138	作者之死
117	自发秩序	139	缸中之脑
118	行为主义	140	功能主义
119	证实主义	141	无知之幕
120	开放社会	142	范式转移
121	范畴错误	143	权力与监视

144	性	156	超现实
145	堕胎	157	远程传送装置
146	宗教语言	158	非同一性问题
147	解构	159	取消式的唯物主义
148	反实在论	160	情色制品
149	信仰	161	物种歧视
150	中文屋	162	有效利他主义
151	父权制	163	泛心论
152	感受质	164	电车难题
153	古典自由主义	165	副现象主义
154	快乐机器	166	社会性别
155	僵尸	167	超人类主义

169　术语表

古代哲学和经典哲学

自然哲学

西方哲学的传统起源于公元前6世纪至公元前5世纪的古希腊及其周边地区,可以追溯到古希腊哲学家泰勒斯(Thales)时期。

西方哲学的诞生地

泰勒斯是第一位"自然哲学家",他的研究标志着一种转变:哲学家们越来越倾向于使用人类或自然的概念,并采取逻辑和数学的方法(而不是宗教或神学的方法)来解释世界和世界中的万物。这些先驱者似乎对本原(即自然世界的第一原则或基本元素)尤为关注,因此他们所感兴趣的领域才被称为"自然哲学"(Natural Philosophy)——在随后的两千年里,这一术语逐渐演变成了我们今天所说的"科学"。

- 姓名:泰勒斯
- 生卒年份:公元前624—前547年
- 国籍:希腊(米利都)
- 学派:前苏格拉底哲学家(米利都派)
- 主要著作:没有著作留存
- 主要贡献:形而上学

前苏格拉底哲学家

这些早期的哲学家现在通常被归为"前苏格拉底哲学家",因为他们要么生活在希腊哲学家苏格拉底之前的时期,要么遵循着与苏格拉底截然不同的哲学传统——相较于伦理学或其他哲学问题,这些哲学家显然对物质世界更感兴趣。

泰勒斯

泰勒斯认为:世界的本原是水,因为本原可以是固态的、液态的或气态的。而泰勒斯的学生阿那克西曼德将本原视作一种更加不确定且更加抽象的东西;他将这种东西称为"无限者"(Apeiron)①。阿那克西美尼(阿那克西曼德的学生)则主张:"本原"是气,因为世界中的万物都像气体一样,不断地运动。赫拉克利特认为本原是火,因为它的本质是"变"。然而,最具影响力的本原观来自恩培多克勒,这种观点在此后的数百年间主导了哲学和科学,几乎可以称得上是对先前各种本原理论的综合,它认为:物质实际上是由四种元素组成的:土、气、火、水。

---

① 这个词在希腊语里兼有"不确定"或"无限"之意。——译者注

道家

老子是中国古代的一位圣人，他主张：万物的真正本质不能通过"言"（语言）和"象"（符号）来理解，而只能通过"道"方能被体悟。

- 姓名：老子（原名：李耳，字聃）
- 生卒年份：活跃于大约公元前6世纪
- 国籍：中国
- 学派：道家
- 主要著作：《道德经》
- 主要贡献：认识论、形而上学、伦理学

关于老子其人，我们知之甚少，而且，有学者提出，老子的唯一著作《道德经》（其字面意思是"关于方法和美德的书"）也许是一本记录了中国诸圣贤言论的合集。这本书的核心主题是"道"（方法）。"道"并不是一个可以用语言描述的简单概念，因为它既是自然中普遍存在的力量，又是万物之源，同时也是存在的理想状态。

然而，道家的目的不是要搞神秘化，而是试图将我们关于现实的经验从理性概念的控制中释放出来。因此，比起获取理智的知识，道家更为关注的是去实现一种存在的状态。此外，唯有放弃去定义、去"认识"（西方哲学对此极为珍视）的欲望，进而采取一种与自然相和谐的自发明觉，我们才能够完全"理解"实在。

不可言喻

但是，正是这种不可言喻的性质为我们提供了线索，使我们能够理解道的本质以及道体现自身的具体方式。道是一种无法用符号标识，并且无法被概念化的终极实在。就像《道德经》所说的那样：道若可以言说，就不是永恒常在之道（"道可道，非常道"）。道家与禅宗佛教以及西方的赫拉克利特和德里达一样，都反对定义。

数

毕达哥拉斯（Pythagoras）对于数近乎神秘的崇拜为现代科学的信念奠定了基础——数学就是我们理解宇宙的关键。

姓名：毕达哥拉斯

生卒年份：约公元前580至前570之间—前500年

国籍：希腊（萨摩斯）

学派：前苏格拉底哲学家（毕达哥拉斯派）

主要著作：没有著作留存

主要贡献：数学、形而上学

理性的宇宙

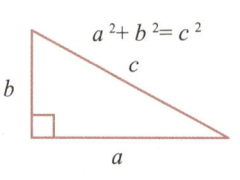

毕达哥拉斯的名字之所以能够被后人记住，无疑得益于以他的名字命名的直角三角形定理（即毕达哥拉斯定理，也称"勾股定理"）。

$$a^2 + b^2 = c^2$$

宇宙的和谐

数的力量与和谐以及描述实在的能力让毕达哥拉斯崇敬至极，他相信数是构成宇宙结构的根基，并且诸行星本身会发出不同音调的乐音。因此，从地球到其他行星的距离以及地球到恒星的终极球面间的距离就与音乐的音程相对应。

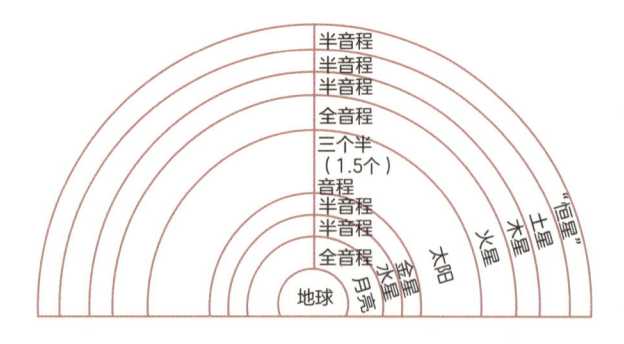

无理数

据说米太旁登的希伯斯（Hippasus of Metapontum）（约公元前530—前450，毕达哥拉斯的一位追随者）发现不是所有的数都是有理数（即可以表示为两个整数之比的数）。所以，尽管8这个数可以表示为8/1，或16/2，但是8的平方根（或者说与自身相乘得8的数）就不能用这种分数的方式来表示了，只能表示为2.82842712474619…这样的无限不循环小数——当然，最著名的无理数圆周率（π）（圆的周长与直径的比值）亦是一个无限不循环小数。也许宇宙终究不是那么理性的吧。

$$\pi = \frac{c}{d}$$

圆周率 = 圆周/直径

古代哲学和经典哲学

痛苦

乔达摩·悉达多（Siddhartha Gautama）教导世人：欲望会不可避免地带来痛苦，唯有践行一种觉知且怜悯的超然生活方可得解脱。

- 姓名：乔达摩·悉达多（人称释迦牟尼或佛陀）
- 生卒年份：约公元前6世纪[①]
- 国籍：印度（尼泊尔）
- 学派：佛教
- 主要著作：口述教义，后被辑录成文
- 主要贡献：伦理学、形而上学、认识论

佛陀

据称乔达摩——即佛陀（意为"觉悟之人"）——原是古印度迦毗罗卫城（今尼泊尔境内）的王子，后来他放弃了荣华富贵，成为一名行脚僧，也可以说成了一位圣人。乔达摩在苦心钻研各种哲学和传统多年之后，终于创立了自己的"正道"——他称为"中道"（Middle Way）。

八正道

为了跳出轮回，我们要避免走向两种极端（即禁欲主义的自我否定和感观欲望的过度放纵），必须以遵循八正道（即八圣道）的方式来践行中道。这包括了：摒弃享乐主义和不道德的言行；为了驱除欲望，通过冥想来使心灵和情绪得到清静；并最终洞察存在的真实本质。

苦谛

"四谛"（Four Noble Truths）是佛陀的基本教义之一，其中第一条是：人世间一切都是苦（dukkha）[②]。生老病死都会带来无法避免的痛苦。欲望永无止境，但快乐与美好却总是短暂的，取而代之的将是渴望与失落。

轮回

我们对物质世界中欲望和幻相的执着使得自己被禁锢在轮回之中，即：由生到死，再死而复生的永恒轮转。

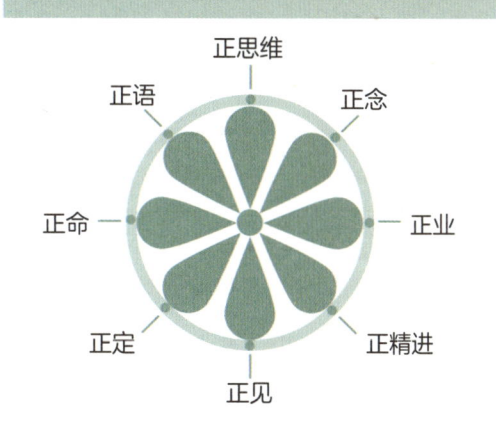

正思维 · 正念 · 正业 · 正精进 · 正见 · 正定 · 正命 · 正语

[①] 其生卒年代，北传佛教据汉译《善见律毗婆娑》"出律记"推断为公元前565—前486年，南传佛教则作前624—前544年或前623—前543年。——编者注

[②] 在巴利语中意为"痛苦的"。——译者注

005

一看就懂的哲学

儒家思想

孔子主张：要维护社会秩序、政治和谐以及个人的道德操守，关键要按照确定的社会角色行事并尊重权威。

- **姓名**：孔子（原名孔丘，字仲尼，人称孔夫子）
- **生卒年份**：约公元前551—约前479年
- **国籍**：中国
- **学派**：儒家
- **主要著作**：编纂《春秋》，修订"六经"
- **主要贡献**：伦理学、政治哲学

君子

孔夫子（西方国家多称其为"孔子"）是一位中国哲学家，他曾经担任过行政官员、教师以及门客等不同职务。孔子思想的核心是"君子"（即所有人都应该努力去实现的一种理想道德人格）的正确行为与态度。因此，孔子并不是要制定只适用于个别情景的特殊伦理规则，而是更着力于培养个人的美德，如此一来就能确保在任何情景下，个人的行为都将符合道德标准。

"仁"

在儒家思想中，"仁"是一个重要的概念，它被解读为"同情""爱""仁慈"等不同的含义，但这个概念中最核心的一点还是"如何正确地对待他人"。孔子主张：这种态度应该从我们最亲近的人开始，一直延伸到我们的亲友圈子以外，即要延伸到社群、郡县以及国家中去。我们在一切交往中都应该遵循："己所不欲，勿施于人"——这是一条在诸多道德和宗教体系中普遍存在的行为法则，因此已被视为伦理学的黄金律。

天

君子的行为除了要体现"仁"以外，还要顺应天命，而孔子所谓的天命就是上天的意志，它在道德秩序、社会秩序、自然秩序之中均有所体现。天命的实现包含以下几种方式：遵守律法，在礼仪和社会习俗方面举止得体，以及严格地执行祭祀仪式。

古代哲学和经典哲学

万物皆流

赫拉克利特（Heraclitus）的别名为"晦涩哲人"，他质疑了人们认识实在的能力，因为他认为实在处于永恒的流变中。

- **姓名**：赫拉克利特
- **生卒年份**：约公元前540—约前480与前470之间
- **国籍**：希腊（以弗所）
- **学派**：前苏格拉底哲学家
- **主要著作**：只留下残篇
- **主要贡献**：认识论、形而上学

火与河流

赫拉克利特经常被归为前苏格拉底时期的自然哲学家，在关于实在的终极原则问题上，他给出了一个不同的答案：他将实在的终极原则比作火。此外，赫拉克利特也将实在比作一条川流不息的河流（即处于一种永恒流变的状态中），其中的事物每时每刻都在发生变化。

怀疑主义和晦涩性

显而易见，这种万物的流变牵涉了知识的问题，而赫拉克利特极度怀疑人类获取知识的能力，这似乎表明了他对普遍人性的悲观看法。据说赫拉克利特曾写过一本书，其残篇现在只留存于二手文献中；它更像是一首晦涩的诗，而不像是哲学文本，而且他还（相当正确地）认为大多数读者都不能理解这本书。另外，赫拉克利特似乎对哲学家抱有普遍的批判态度，他认为那些被视作知识和智慧的东西往往是粗浅的，并不包含任何真正的认识。

逻各斯

然而，尽管赫拉克利特对人性持有这种稍显悲观的看法，但他并未绝望。赫拉克利特认为存在着一种任何人都有可能理解的关于世界的意义——他将之命名为"逻各斯"（Logos，即"词语""信息"）。因此，赫拉克利特的意思也许不是"知识对人类而言是不可能获取的"，而是"大多数人——包括哲学家——都只是在用错误的方式来获取知识"。

悖论

长期以来，哲学家一直用逻辑悖论来说明哲学论证中的缺陷，而芝诺（Zeno）则用逻辑悖论来证明我们关于时间和空间的常识是错误的。

姓名：芝诺

生卒年份：约公元前490—约前436年

国籍：希腊（埃利亚）

学派：前苏格拉底哲学家（埃利亚派）

主要著作：没有著作留存

主要贡献：形而上学

巴门尼德

古希腊哲学家巴门尼德（Parmenides，约公元前515—约前440）是芝诺的老师，他所支持的理论被称为"一元论"（Monism）：即从表面上看，世界似乎是由诸多不同的事物组成的，但实际上世界是一个统一体。

阿基里斯与乌龟

芝诺在他最著名的悖论中设想了一场战士阿基里斯（Achilles）和乌龟之间的赛跑。在这个设想中，一旦乌龟在起跑时占了先机，阿基里斯就永远也追不上它。因为如果要追上乌龟，阿基里斯首先必须跑到二者初始距离的中点处；当他要跑完剩下的一半路程时，乌龟已经又向前跑了一段，所以他必须跑到距离新起点一半的地方；以此类推〔另一个相似的芝诺悖论是"飞矢不动"（Paradox of the Arrow）——其中，芝诺用"箭靶"替换了"乌龟"，"箭"替换了"阿基里斯"〕。因此，如果我们所设想的世界能够被分解为离散的时空单位，那么阿基里斯将永远也追不上乌龟（而飞矢也将永远无法射上箭靶）。

可分性

芝诺还用悖论来反驳"世界是由诸多事物组成的"这一观点。他认为：如果我们将空间设想为由诸多单位（例如厘米）组成的，那么我们可以把每一个这样的单位都进一步分解为更小的单位，以至无穷。然而，这意味着我们能够用来构建其他事物的那种不可分的终极单位是不可能存在的，因为要么它将不具有可分的长度，要么所有事物都是无限可分的，或者说是一个没有部分的连续体。

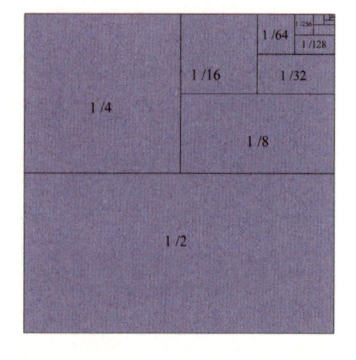

智者派

智者（Sophists）是以教授逻辑和论辩技巧为职业的教师，他们的基本立场是：谁能作最好的论辩，谁就拥有真理。

- **姓名**：普罗塔哥拉（Protagoras）
- **生卒年份**：公元前481—约前411年
- **国籍**：希腊
- **学派**：前苏格拉底哲学家（智者派）
- **主要著作**：只有残篇留存
- **主要贡献**：认识论、伦理学

不道德的教育

普罗塔哥拉是最早的智者之一，而且与高尔吉亚共享了"让柏拉图感到不满的人物"这一"殊荣"。柏拉图对他们最大的不满在于：智者们通过教授论辩和推理技巧，牺牲了对伦理学的真正理解，进而助长了不道德。

年轻人的腐蚀者

普罗塔哥拉本人的著作几乎已经全部散失，讽刺的是，我们对他的大部分认识都来自柏拉图的一篇对话录《普罗塔哥拉篇》——这就如同将自己的声誉交到对自己最恨之入骨的批评者手中。因此，我们现在将智者视为"不道德的唯利是图者"——年轻人的真正腐蚀者（柏拉图的导师苏格拉底此后也因同样的罪名而遭诬陷）——也就不足为奇了。

相对主义

智者所获的这种恶名是否确为罪有应得，还很难说。他们确实收取了课酬，但这又何罪之有呢？然而，我们能够用来指责普罗塔哥拉的最恶劣的罪名似乎还有"怀疑主义者"（Sceptic）和"相对主义者"（Relativist）。普罗塔哥拉声称：我们无法确知任何事物，而且（按照柏拉图对他的解读）我们所有的概念和价值都是相对的，必然会遭到人类视角的塑造和扭曲。普罗塔哥拉说："人是万物的尺度。"但是，由此看来，普罗塔哥拉并没有腐蚀年轻人，而仅仅是某些现代哲学观点的先驱者——他的这种怀疑主义和相对主义在现在看来也没有十分激进。

原子论

"宇宙是由微小的物质粒子组成的。"这一科学概念的起源可以追溯到前苏格拉底时期的古希腊哲学家。

- 姓名：德谟克里特（Democritus）
- 生卒年份：约公元前460—约前370年
- 国籍：希腊
- 学派：前苏格拉底哲学家
- 主要著作：只有残篇留存
- 主要贡献：形而上学、伦理学

早期原子论者

虽然人们认为最早提出原子论（Atomism）的是留基伯（Leucippus，活跃于公元前5世纪），但这种观点现在最常与其学生德谟克里特联系在一起。伊壁鸠鲁（Epicurus）和古罗马哲学家卢克莱修（Lucretius，约公元前99—约前55）之后进一步发展了原子论。像其他前苏格拉底哲学家一样，德谟克里特也关注物质世界的本质，但他反对把气、火、水或某种其他可感知元素当成宇宙的终极构成要素。

不可分的粒子

相反，德谟克里特主张宇宙是由数量上无限多的"原子"（Atoms）构成的。这些原子是不可分的微粒（"原子"一词在希腊语里的意思就是"不可分的"），它们具有相同的质料，不同的大小及形状，并且存在于虚空（Void）之中。由于原子拥有不同的形状，因此由它们构成的各种实体也相应地具有不同的性质和表现。构成固态实体（例如金属或石头）的原子也许拥有能够紧密结合的形状（像拼图那样）；而构成水或火的原子也许拥有能够让它们实现相互运动或流动的形状。

构成水的原子

构成石头的原子

虚空

虚空是原子论中最重要的一个概念，因为如果没有可供原子结合和分离的空间，变化、增长或衰弱的过程就不可能存在。事实上，在这样的过程中，自然所体现出来的那种分解和重组事物的方式本身也许暗示了这些较小"部分"（Parts）的存在。

苏格拉底的方法

德尔斐神谕（Delphic Oracle）宣布：古希腊哲学家苏格拉底（Socrates）是"全雅典最有智慧的人"，但这究竟意味着什么呢？

- 姓名：苏格拉底
- 生卒年份：约公元前469—前399年
- 国籍：希腊（雅典）
- 学派：希腊古典哲学
- 主要著作：没有著作留存
- 主要贡献：伦理学、认识论

苏格拉底

苏格拉底没有留下任何成文的学说，他更喜欢讨论和辩论。苏格拉底的主要乐趣似乎就是在雅典四处游荡，通过不断地提问来烦扰民众，并且折磨那些声称比他更有智慧的人。因此，他认为自己是一种道德上的"牛虻"。这一切行为背后的动机似乎都是为了检验那则德尔斐神谕宣言的真实性。

苏格拉底的无知

苏格拉底认为自己毫无智慧，因此他认为自己的"智慧"之处一定在于：只有他知道自己其实一无所知。毫无疑问，这是一种诡辩策略：更有效的策略是让你的对手在追问最终理由的过程中作茧自缚。正如所有家长都知道的那样，在自己的孩子"打破砂锅问到底"的过程中，他们总有问不出来的时候。

德尔斐神谕

德尔斐阿波罗神庙的皮提亚（Pythia）是当时最著名的女祭司，无论是权贵还是普通民众都会向她问询。皮提亚坐在一口放在三脚架上的穿孔大锅里，（从地下裂缝中）吸入那能使她进入恍惚状态的烟雾。由此而发的宣告往往是神秘且模棱两可的。

苏格拉底的方法

"苏格拉底的方法"（Socratic Method）现在仍是一种备受青睐的教育方法：通过引导学生自己推出结论，从而使他们更好地掌握一门学科。苏格拉底的学生柏拉图后来试图用这种方法证明：我们所有人从出生起就拥有某种天赋的知识。事实上，由于苏格拉底没有留下任何与其学说相关的文字记录，所以我们只能通过柏拉图的著作来了解他的信念。

苏格拉底之死

苏格拉底在面对"死刑或流放"的抉择时，最终选择了实现自身的信念，即："好死"（Good Death）比未经省察的生活更可取。

苏格拉底的选择

如你所料，揭露人们的无知并不总是受人欢迎的。因此，当苏格拉底发现自己被带上了法庭，并被控以"不敬神"和"败坏青年"的可疑罪名时，他也许并不为此感到吃惊。苏格拉底最终被判有罪，当他面对"流放或死亡"的抉择时，他选择了后者，理由是：他宁愿等待来世中的审判，也不愿纵容世俗法官强加给他的不公判决。苏格拉底认为自己并没有做错什么，而一旦选择了流放，他就再也无法回到那个他所钟爱的雅典，也无法过上他在雅典追求的那种"探究的生活"了。苏格拉底认为：这样一种未经省察的生活是不值得过的。

好死

苏格拉底所选择的"好死"（即"安乐死"的字面含义）是这样一种主张：在面对极度的肉体疼痛或精神折磨时，我们可以合法地选择结束自己的生命。然而，尽管有一些哲学家接受这种主张，但另一些哲学家则持反对意见，认为自杀是懦弱的、不道德的甚至是精神疾病的表现。

安乐死的各种形式

安乐死主要有三种形式：自愿的安乐死（遵照当事人的意愿）、强迫的安乐死（违背当事人的意愿）和非自愿的安乐死（在当事人不能表达其选择的情况下）。上述三种形式的安乐死都可以通过不同的手段来实现：主动手段（例如药物过量）或被动手段（例如终止治疗）。

饮鸩而死

苏格拉底最终选择了服毒自尽，相传他喝了一杯由毒芹制成的茶。毒芹是古典时期用来处决囚犯的常用药物，这种药物会使人逐渐失去知觉并瘫痪，最终因呼吸衰竭而死。

古代哲学和经典哲学

共相

柏拉图（Plato）认为所有的知识都以独立存在的普遍观念或形式（共相）（Universal Ideas）为基础，他通过著名的洞穴喻阐明了这一学说。

- 姓名：柏拉图
- 生卒年份：约公元前427—约前347年
- 国籍：希腊（雅典）
- 学派：希腊古典哲学
- 主要著作：《申辩篇》（*Apology*）、《理想国》（*Republic*）、《高尔吉亚篇》（*Gorgias*）、《会饮篇》（*Symposium*）、《美诺篇》（*Meno*）
- 主要贡献：伦理学、认识论、形而上学、美学、政治哲学

无知

假设你被绑在一个漆黑的山洞里，面对着墙，隐约能看见墙上有奇怪的影子在移动。然后你被释放了，当你转过身来才发现，那些影子不过是火堆前雕像的投影。最后你为了能仰望太阳，逃出了洞穴，重新回到了外部世界。

形式

感官总是会误导我们，唯有理性的观念（理念）（Ideas）才能帮助我们真正地理解世界。例如，我们会作出一个陈述，即狗有四条腿，但猫和马等动物其实也有四条腿。到底是什么使"狗之为狗"，而不是猫或马呢？此外，我们说，"西班牙猎犬、梗犬、罗特韦尔犬等不同的狗都具有某种共同点"，这又是什么意思呢？使"狗之为狗"的是狗的普遍观念（共相）或形式，如果缺乏这种形式，我们就无法理解这个陈述——甚至无法理解这个世界。

两个世界

柏拉图这个独特的寓言（我在这里进行了简化）意在说明哲学家的思想转变过程。洞内世界和洞外世界分别代表了可见世界和可知世界。洞穴中的影子代表了物质表象，这些表象是感官呈现给我们的虚假幻觉。我们会逐渐搞清楚这些表象（火堆前面的物体），但只有当我们进入纯粹思维的世界中（离开洞穴），并对理念进行理性分析时（在日光下观察外面的物体），我们才能通过真与善之光（太阳）获得真正的知识和确定性。

所有现实中的狗都具有"狗的理念"。

013

道德实在论

正如我们对物质世界的认识需要独立存在的普遍观念一样,对柏拉图来说,我们的道德行为也需要一个关于善的普遍标准。

对话录

柏拉图的大部分著作都采取了对话形式,其中的主角通常是虚构出来的苏格拉底,他在各类话题中均扮演了提问者的角色。柏拉图的许多篇对话都是围绕伦理学展开的:在这些对话中,苏格拉底与那些主张(例如)"道德仅仅是一个习俗问题",或者"强权就是正义"的人进行了辩论。相比之下,苏格拉底(或许柏拉图不过是借他之口)认为:道德的善是一种真正独立的品质,这种品质与自利和社会习俗不同,它实际上与灵魂的健康状态更为接近。

古各斯戒指

为了说明这一点,柏拉图在《理想国》中引用了"古各斯戒指"(the Ring of Gyges)的传说——据传这枚戒指是一件能够让佩戴者隐身的神物,因此戴上它就可以为所欲为,不必担心被抓到或遭受惩罚。那么,戴上这样一枚戒指就会得到"幸福"吗?柏拉图认为不会:因为幸福的条件是善,恶行只会给我们带来伤害。

真正的伤害

苏格拉底在《高尔吉亚篇》中主张:好人不可能遭受伤害,因为真正的"伤害"在于灵魂(造成道德上的恶习和精神上的失衡),与之相比,肉体所受的折磨甚至酷刑,都算不了什么。相比之下,那位表面上令人羡慕的人(即古各斯,这位暴君能够满足自己的任何欲望,且拥有无上的权力)其实只是一个"随心所欲至极,实际上却被自身激情所奴役"的人。

理想国

柏拉图的完美社会结构反映了理想的个人道德和身体健康状态，个人的善会进而产生城邦的正义。

灵魂的三个层次

柏拉图把灵魂分为三个层次：理性、意气（激情）和欲望。在理想的状态下，理性会引导意气去控制欲望。然而，如果理性的发展不够充分，或者个人重视意气、欲望甚于理性，那么他就会养成不健康、不道德的习惯。

护卫者

柏拉图推论道：正如理性应该统治身体一样，那些心智最发达的人也应该统治城邦（从而使城邦拥有某种"贵族政体"的性质——这个术语的字面意思就是"由最好的人统治"）。因此，柏拉图设想出一套教育方案：将最有潜力的孩子们集中起来培养，让他们接受特殊的身心训练，将他们教育成护卫者（Guardians）——从中挑选出统治者（由合适的护卫者担当）和辅助者（能力稍逊的护卫者将成为军人和官吏）。社会上的其他人（即平民）将主要从事商品生产活动，如耕种、捕鱼、纺织和锻造等。

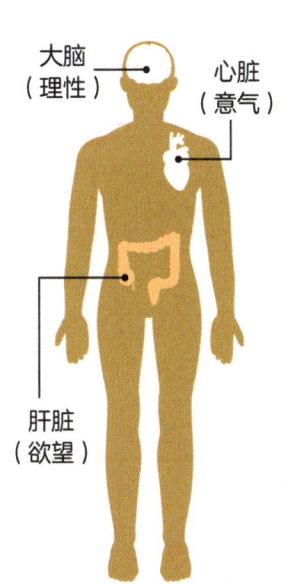

大脑（理性）
心脏（意气）
肝脏（欲望）

不公正的城邦

正如理想的个人反映了完美的城邦（乌托邦），不平衡或不道德的个人也反映了城邦可能出现问题的方式（不公正的城邦）。其中，柏拉图按照由好至坏（从最理想的社会到最不理想的社会）的顺序，列出了另外四种政体：荣誉政体（Timocracy）（由军人阶级统治）、寡头制（Oligarchy）（由富人统治）、民主制（Democracy）（由平民统治）和僭主制（Tyranny）（由独裁者统治）。值得注意的是，在这些政体中，民主制是倒数第二坏的形式，因为这种形式实际上代表着肉体欲望的统治（在柏拉图的体系中，这种欲望就是由平民所代表的）。

荣誉政体 
寡头制 
民主制 
僭主制

艺术与谎言

柏拉图将诗歌驱逐出他的理想国,这个臭名昭著的做法是基于他对诗歌的偏见:诗歌兜售谎言,并主要诉诸激情。

完美的床

柏拉图认为各种形式的艺术都是真理的"远亲"。我们应该如何理解他这个观点呢?如果你能回忆起柏拉图的"洞穴喻"(Allegory of the Cave):从无知到真知,从墙上的影子(感觉印象)到洞穴外的事物(真实的理念),其中存在着很多步骤。柏拉图用床来举例:现实的床并不是真正的床,仅仅是床的完美理念(或形式)的摹本。那么以床为主题的诗又是什么呢?它是摹本的摹本。因此,与工匠相比,诗人和画家离真理更远。

政治宣传

然而,柏拉图的理想国并不缺乏艺术,而且柏拉图本人也特别钟情于音乐,他在这篇对话中描述了用音乐来训练和教育人的各种可能方式。如此一来,重点其实不在于"诗歌本身是坏的",而在于"坏的诗人对城邦是有害的"。如果能够引导艺术家和诗人,使其创作出正确的艺术类型(服务于政治的宣传),那么柏拉图的理想国大概也会为其敞开大门。柏拉图在这里实际上提出了"审查制"(Censorship)的观念:只有符合特定形式的艺术创造才被允许存在。

高贵的谎言

讽刺的是:柏拉图一方面诉病诗歌缺乏真理性,另一方面又用精心设计的谎言来为城邦服务。他承认人们并不是真的一出生就有高低贵贱之分(比如分为统治者、护卫者、生产者);但他又说,人们只有对此深信不疑,城邦才能健康发展。因此,柏拉图制造了一个"高贵的谎言"(Golden Lie),以证明这种社会分工的合理性。为真理服务的谎言是可以被接受的,至少貌似如此。

古代哲学和经典哲学

犬儒主义

第欧根尼（Diogenes）试图将同时代公民的那种肤浅与伪善（体现在他们所过的生活中显得毫无必要）突显出来，他认为这些人已经失去了与人类存在的基本真理之间的联系。

- **姓名**：锡诺帕的第欧根尼
- **生卒年份**：约公元前404—前323年
- **国籍**：希腊
- **学派**：犬儒主义（Cynicism）
- **主要著作**：没有著作留存
- **主要贡献**：伦理学、认识论、形而上学、美学、政治哲学

生活的事实

虽然这则故事是虚构的，但它却完美地把握到第欧根尼教义的一个要点：社会地位是无关紧要的。无论你是国王还是奴隶，是赫赫有名的战士还是乞丐，你仍然是一个人，因此你必须要吃喝，会有性冲动，需要上厕所，最终将变老、死去。那么，为什么我们对自己的人性感到如此羞愧呢？为什么我们要用虚假的姿态和优雅来掩饰人性，并在我们的同胞之间制造出人为的差别呢？

亚历山大大帝

尽管第欧根尼没有留下任何著作，但那些体现了他的朴素、正直和无畏诚实的事例却广为人知。据说第欧根尼住在街上的一只大木桶里，靠别人的施舍为生，身无长物，并且对路人随意发表评论。有这样一则故事，有一次伟大的统治者亚历山大大帝（Alexander the Great）问第欧根尼："我能为您做些什么呢？"结果第欧根尼回答："事实上，您挡住了温暖的阳光，如果您能挪到一边去就再好不过了。"

像狗一样

第欧根尼是"犬儒主义"运动的关键人物——"犬儒主义"这个术语在希腊语"kynikos"中的意思是"像狗一样的"。这个术语起源于犬儒主义的践行者们对狗的钦佩和仿效，因为这种动物的生活诚实、自然、简单。对于那个早已失去了这些品质的社会而言，这种动物实在是一个好榜样，而犬儒主义哲学家们也"愤世嫉俗地"质疑并揭露了这种社会中的肤浅存在。

美德

亚里士多德（Aristotle）驳斥了柏拉图的道德行为观，认为后者错误地将道德行为完全建立在善的理性知识上，而他自己更愿意把这种行为看作人类品性的充分发展。

姓名：亚里士多德

生卒年份：公元前384—前322年

国籍：希腊（雅典）

学派：希腊古典哲学

主要著作：《伦理学》（Ethics）、《政治学》（Politics）、《物理学》（Physics）、《论灵魂》（On the Soul）、《诗学》（Poetics）

主要贡献：伦理学、政治哲学、美学、形而上学、逻辑学、心灵哲学

道德的无知

柏拉图认为人们并非故意作恶，作恶只是出于无知，只要消除他们的误解，便能重回正道。但是，亚里士多德认为恶行（错误的行为）实际上比柏拉图的这种解释要复杂得多，道德行为的建立也不能仅仅依靠理智的教育。

中道

亚里士多德认为做正确的事需要经验。人的许多品质都可以用"两种极端之一"来表达。"过"（太多）或"不及"（太少）都会产生不好的结果，但正确的行动（即所谓的"中道"）往往处于两种极端之间。勇敢的人既不鲁莽也不怯懦，而是介于两者之间；对待金钱，我们既不应吝啬，也不该挥霍；对待食物，我们既不应贪吃，也无须挨饿。

射靶训练

但事情并不会如此简单。我们需要学习在特定的情况下以正确的方式来运用这些品质。因此，美德的发展尽管不是一门精确的科学，但仍然需要时间和经验的累积，方能"正中靶心"。这种方法被称为"美德伦理学"（Virtue Ethics）。

不自制

然而，一个人如果想让自己的品格健全，还需要锻炼自制力，以便控制自身的激情和欲望。因此，虽然确实有一部分错误的行为是由无知（如柏拉图所言）导致的，但另一些错误的行为却是因"不自制"（Akrasia）或意志薄弱而引起的。我们或许知道什么是正确的，但由于缺乏足够的锻炼，所以我们无法将正确的行为付诸实践。

目的论

亚里士多德认为：一切存在的事物都有它必须实现的目的或作用；反过来说，事物的目的也是它被创造出来的直接原因。

四因说

在亚里士多德的体系中，所有个体事物都可以按照四种"原因"（Causes）来理解。动力因（Efficient Cause）直接引起了个体的存在；质料因（Material Cause）构成了个体的材料；形式因（Formal Cause）塑造了个体的形状；而目的因（Final Cause）就是个体存在的作用或目的。如果我们用蛋糕来举例的话，那么它的动力因就是面包师傅，它的质料因是蛋糕中的各种成分，它的形式因是它的整体形状和设计，它的目的因是供人们享用。

目的

在现代，我们并不把一个事物的质料或形式视为"原因"；而是将"原因"这个词留给了动力因（即，使某事物以其当前形式存在的原因）。"目的因"这个概念基本上已经不再使用了，至少从科学的意义上讲是这样，因为它暗示了设计者或创造者的存在，他们脑子里有关于事物的某种预期目的。如果这种事物是人造的，例如蛋糕或椅子，那还容易理解；但如果它是一个自然事物，我们又该如何理解呢？一棵树或一块石头的目的到底是什么呢？又是谁将那个目的赋予了自然事物呢？对亚里士多德来说，答案是神。

设计论证

有证据表明，自然世界和物质世界是经过设计的，这一观点是关于上帝存在的一个众所周知的证明。这种证明被称为"目的论论证"（"Teleological Argument"，"Teleological"一词源自希腊语"telos"，意思是"目的"）。根据目的论论证，一切存在的事物都必须有一个（用亚里士多德的话来说）目的因。然而，正如我们即将在下文中看到的那样，这个断言颇有争议。

公民权利

亚里士多德认为：正如友谊在道德发展中起着关键作用一样，公民权利（Citizenship）对于促进人类繁荣发展来说也是至关重要的。

政治自然主义

亚里士多德的政治观直接源于他的伦理学。如果人类生活的目的就是发挥人类潜能的话，那么理想的政体形式将有助于实现这一目的。他认为：既然我们天生就是"政治的动物"（这种观点被称为"政治自然主义"），那么这种潜能只能通过有政治参与的公共生活来实现。

政府的各种形式

亚里士多德提出了六种可能的政体形式，这六种形式的差别在于统治者的数量以及统治者所服务的利益团体。单个的统治者既可能是贪图享乐的僭主，也可能是尊贵的君主，这取决于他所服务的是自身利益还是公共利益。同样的，少数精英组成的统治集团既可能是贪婪的寡头，也可能是品德高尚的贵族。最后，平民的统治既可能会导致一种"服务于大多数的、放荡的民主制"（与柏拉图一样，亚里士多德也不支持民主制），也可能形成一个由群体智慧所引导的、稳定的共和政体。

亚里士多德的分类

统治者的数量	服务于公共利益	服务于自身利益
单一君主	君主制（Monarchy）	僭主制（Tyranny）
少数精英	贵族制（Aristocracy）	寡头制（Oligarchy）
民主的大多数	共和制（Polity）	民主制（Democracy）

混合政体

由于品德高尚的精英阶级和睿智的君主并不多见，所以共和制是一种差强人意但也最有可能实现的选择，在这种政体中存在着一个强大的"中等阶级"（Middle Class），他们既不富有，也不贫穷，因此能够将各种美德结合起来，避免其他政体中存在的缺点。这样一个混合制社会将确保没有人遭到排斥或被控制，从而最大限度地减少了叛乱的风险，同时也能鼓励公民在政治生活中充分发挥作用。

女性和奴隶

亚里士多德在这里想到的是当时希腊盛行的城邦制（"City-state"，即希腊语中的"polis"），城邦的规模很小，因此公民可直接参与议会、陪审团和集会。但是，这种公共参与只能借助奴隶制和对女性的压迫方能实现，对他们的奴役保证了那些被挑选出来的公民能够享有一定水平的生活条件和闲暇时间——亚里士多德认为这些条件是进行沉思和参与政治活动所必需的。

净化

亚里士多德提出：伟大的艺术是为了教育我们了解人性，并在此过程中为我们提供情感的释放和理性的洞察。

悲剧

为什么我们喜欢看恐怖电影或读悲惨小说？这到底是出于对他人不幸的某种虐待狂式的享受，还是出于对我们自身因同情而招致痛苦的受虐狂式的愉悦？亚里士多德认为，像这样的艺术作品[例如，与他同时代欧里庇得斯（Euripides）的悲剧《美狄亚》（*Medea*）或索福克勒斯（Sophocles）的《俄狄浦斯王》（*Oedipus Rex*）]实际上带有净化（katharsis）的目的，亦即为了消除观众的负面情绪，特别是恐惧和怜悯。

模仿

然而，这并不是悲剧艺术的唯一目的，亚里士多德在他的《诗学》中花了大量篇幅来论述：戏剧的一个关键功能也涉及了模仿，即以艺术的形式来模拟和表现生活的过程。通过把人和事客观化和拟人化，我们才能对他们有更好的理解。

心理的洞察

但是，这个客观化的过程或许也将我们引向了"净化"的另一功能：通过"净化"，我们能够更好地与那些通常令人痛苦的事件保持距离，以便更深入地洞察这些事件——我们得以了解导致这些事件发生的外在原因，以及"孕育"这些事件的内在性格缺陷，进而我们或许还能得知避免类似厄运的方法。因此，亚里士多德的一些现代解读者认为：最好将"净化"理解为一个我们借以获得某种理性洞见的过程。当看到莎士比亚（Shakespeare）那段关于奥赛罗（Othello）的巧妙描写时（即奥赛罗逐渐沉沦于非理性的嫉妒，现代戏迷可以从中感受到痛苦并开悟），我们会立即对奥赛罗的错误行为产生更大的同情，与此同时，也会产生更深刻的理解：导致其悲剧性缺陷的种子其实遍撒于我们所有人的心中。

友谊

对亚里士多德来说,在生活中选择正确的朋友不仅是幸福的关键,也是过上真正道德生活的关键。

友爱

亚里士多德在这里思考的"友谊"(Philia)[①]并不是我们现代意义上所理解的那种狭隘的友谊,而是一个更宽泛的社会关系概念。这个概念不仅涵盖了家人、亲密的朋友、邻居,也涵盖了同事、在街角小店工作的人、你儿子的老师。也就是说,这种关系中包括了任何可能与我们友好相处的人。

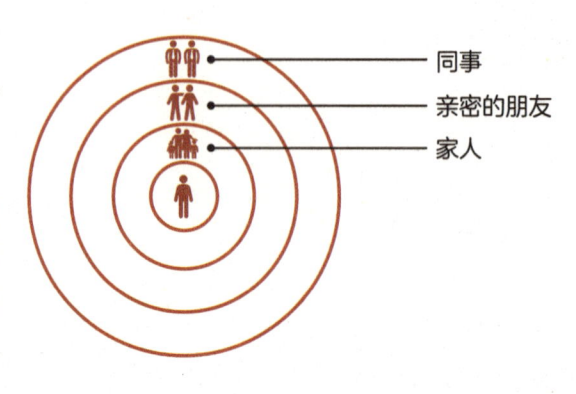

- 同事
- 亲密的朋友
- 家人

真正的友谊

当然,我们也许会选择花更多的时间与其中一些人交往。然而,个体千差万别,其影响也因人而异。比如,吉姆是一位汽车爱好者,你有时会和他一起修理旧汽车,然后拿去出售。蒂娜喜欢喝酒,经常邀你和她一起出去过夜生活。而史蒂夫则是这么一位朋友——你喜欢和他一起喝喝咖啡,然后聊聊彼此生活中发生的事情。那么,他们哪一个才算是真正的朋友呢,还是说都不算?

互利

亚里士多德认为:真正的友谊是相互的。你们互相献上最好的祝福。但何为"最好"呢?吉姆和你一样对汽车感兴趣,但从某种意义上说,你是在利用他来赚钱。也许你会享受蒂娜陪你喝酒的时光,但你从来没有见过她的另一面,而且她感兴趣的主要是享受美好时光和发泄不满。相比之下,史蒂夫为你提供了一个空间,让你谈论自己的人生、愿望、烦恼和忧虑,因此似乎只有他的友谊是基于某种更深层次的东西。亚里士多德认为:真正的友谊不只是为了相互的利益或相互的快乐,而是要帮助对方成为更善良、更幸福的人。这样,我们才更有可能实现自身的潜能,并活得更有意义。

[①] 希腊词"philia"的意思是"友爱"。

幻相

哲学家庄子属于中国的道家，他的怀疑论反映了一个问题，这个问题让生活在各个时代、遵照不同传统的哲学家都备受困扰，那就是：我们到底如何才能知道什么是真实的？

- 姓名：庄子（原名庄周）
- 生卒年份：约公元前369—前286年
- 国籍：中国
- 学派：道家
- 主要著作：《庄子》
- 主要贡献：认识论

庄周梦蝶

我们对庄子（老子的追随者）所知甚少，对他的了解主要来自《庄子》一书。该书是后人将一些据称为庄子本人的故事和语录汇编而成的合集。其中有一则故事。一天晚上，庄子梦见自己变成了一只蝴蝶；但当他从这个梦中醒来时，却发现自己无法确定，真实情况究竟是"庄子梦见自己变成了一只蝴蝶"，还是"一只蝴蝶梦见自己变成了庄子"。

禅

《庄子》一书充满了对现实常识的挑战，并且，其知识观对后来的禅宗也产生了影响（我们将在下文更详细地探讨）。由此观之，庄子提出这道谜题或许并不是为了寻求一个完美的解决方案，而是试图用一个无法解决的悖论来迷惑我们的思想，以便把思想从毫无意义的理智化过程中解救出来，最终使其能够自由地领会真正的存在。

知觉之幕

然而，西方哲学传统在很大程度上采取了不同的路线，这种传统试图通过理性来确保："我们能够知道什么是真实的""我们可以相信自己的感官""我们可以判断自己是否在做梦"。毫无疑问，这种尝试的弊端就在于：我们对外界的知觉几乎都来自身体的各个感官。因此，一些哲学家认为：我们永远不可能对现实有直接的知觉，而是必须先经过"知觉之幕"（Veil of Perception）的过滤，但我们既感觉不到，也理解不了这张"知觉之幕"。

节制

伊壁鸠鲁（Epicurus）最为人所知的是：他把快乐作为首要的善来提倡，但按照他的真正教义，道德上的节制才是值得推崇的。

- **姓名**：伊壁鸠鲁
- **生卒年份**：公元前341—前270年
- **国籍**：希腊（萨摩斯）
- **学派**：伊壁鸠鲁主义
- **主要著作**：仅有残篇和短文留存
- **主要贡献**：伦理学、认识论、宗教哲学

快乐

现代所谓的"伊壁鸠鲁主义者"（Epicurean）指的是那些饕餮之徒，而从中世纪到现代的大部分时间里，这个词都用来指称那些宣扬感官满足的人。但是，伊壁鸠鲁真正倡导的善，既不是指享乐主义者的那种纵情声色，甚至也不是指美食家或美学家的那种逸情雅致，而是指身居陋室时的安贫乐道。

伦理学

在"我们应该如何生活"这一问题上，伊壁鸠鲁的原则看似是墨守成规的。他认为，因我们的恶行而招致的罪恶感本身就是对恶行最强烈的遏制。伊壁鸠鲁相信，只要按照道德标准去行动，我们的良知和心灵便会获得平静，他认为这就是幸福的本质。

焦虑和痛苦

因此，伊壁鸠鲁把快乐分为两类：一类是可以追求的快乐，这种快乐没有任何随之而来的焦虑或痛苦；另一类是不能追求的快乐。吃大餐会使我们消化不良，性爱会导致嫉妒和伤心，但是那些更温和的消遣（比如，与朋友聊天、追求哲学知识等）则是有益的，并且不会带来痛苦。伊壁鸠鲁认为：我们的所有行为都是为了获得心灵的平静。

死亡

伊壁鸠鲁认为,在搅扰心灵的各种情绪中,最主要的一种就是对自身死亡的恐惧。

来世

虽然伊壁鸠鲁不是无神论者,但是他认为真正的神与希腊神话中描绘的神截然不同——真正的神存在于人间嘈杂的喧嚣之外。也许正是基于这一原因,伊壁鸠鲁主张:神并不关心人类的道德过失,因此也就不存在一个来世的审判法庭——据称我们的灵魂首先要接受这个法庭的审判,然后才会被派往某个命运之中,接受相应的赏罚。

不再存在

然而,伊壁鸠鲁不惧怕死亡的主要原因似乎是:人死了就意味着不存在了。既然我们不能害怕活着的时候无法体验到的东西,那么对死亡又何惧之有呢?当死亡来临时,你将不再活着(或者说,不再具有意识或理智了)。所以在那之前,好好享受你的生命吧。因此,死亡并不值得恐惧,它只是所有状态的终止,其中也包括恐惧本身。

面对死亡

但是,如果我们因濒临死亡而感到恐惧又该怎么办?如果自己因为即将与亲人作别,或不得不中断未竟的事业而感到悲伤又该怎么办?或者说,如果自己会死得很痛苦,那又该怎么办呢?难道我们不应该为这些感到恐惧吗?像是为了对这些问题做出一个回答,伊壁鸠鲁以一种非常愉快的方式来迎接自己的死亡——这很像苏格拉底。尽管死亡的过程极度痛苦,但他还是很愉快地教学与聊天,一直到生命的最后一刻。

死后的伤害

相反,托马斯·纳格尔(Thomas Nagel,出生于1937年)认为死亡实际上是一件坏事,它剥夺了我们一些有积极价值的东西(生命)。乔尔·范伯格(Joel Feinberg,1926—2004)也认为:即使没有来世,对死者名声的毁谤还是会损害他们的"死后利益"(Posthumous Interests,即那些他们希望能在死后继续存在的项目和影响)。

恶的问题

伊壁鸠鲁问道：如果神既有能力，也有意愿去阻止无辜的人遭受不必要的痛苦，那么为什么人们在现实中还在继续受苦呢？为什么世界上会有罪恶存在？

恶的不同种类

神学讨论常常把恶分为两大类：道德的恶（Moral Evil）和自然的恶（Natural Evil）。道德的恶涉及个人有意识的行为，如谋杀或酷刑；而自然的恶涉及的则是"神的行为"（Acts of God），如地震、洪水、饥荒等——当然，我们假设这些现象都不是人为的（比如，气候变化的后果）。

道德的恶　自然的恶

目的

按照传统观念，一神教的神是全能的（Omnipotent，具备一切能力）和全善的（Omnibenevolent，绝对善良的）。仅凭这两项属性似乎就足以去质疑恶的存在，因为拥有这两项属性必然意味着上帝既有能力也有意愿去防止道德不公和自然灾害的发生。当然，如果我们再补充上那个公认的神所拥有的全知（Omniscience，洞悉一切）属性，那么我们也可以提出疑问：如果神必定会意识到人类的苦难，并愿意且能够实施干预，那为什么不这么做呢？将这三项属性结合在一起，就产生了所谓的"矛盾的三合一命题"（Inconsistent Triad）。

"……神没有意识到恶。"　"……神缺乏道德关怀。"
"恶之所以存在，是因为……"
"……神无法阻止恶的存在。"

神正论

正如我们看到的那样，伊壁鸠鲁相信，诸神并不关心人类的事务，这反过来也解释了"为什么在诸神拥有神圣能力的前提下，恶却仍然存在"：因为神根本对此漠不关心。这种解释被称为"神正论"（Theodicy）。历史上还曾出现过各种不同的神正论，它们都就"恶的问题"提出过不同的解答——例如，恶的存在可能是基于一个（善的）目的，或者神不被允许去干涉人类的自由意志。我们稍后将讨论其中的一些解答，但核心的问题是：当无辜者和无助者遭遇一些毫无缘由的痛苦时，他们是否可以得到一个合理的解释呢？

正义战争

正义战争理论（Just War Theory）探讨的是：一个国家在何种条件下发动战争是正义的；在战争中什么样的手段才算是正当的。

姓名：马尔库斯·图利乌斯·西塞罗（Marcus Tullius Cicero）

生卒年份：公元前106—前43年

国籍：古罗马

学派：折中主义

主要著作：《论义务》（On Duties）、《论神之本性》（On the Nature of the Gods）、《论雄辩家》（On the Orato）

主要贡献：政治哲学

《论义务》

正义战争理论在许多文化和传统中都以某种方式存在着。在西方，柏拉图和亚里士多德都曾简要地提到过这个问题，而后来的古罗马哲学家、政治家西塞罗则对这个问题作了更全面的阐述。西塞罗在《论义务》一书中指出：战争不仅需要师出有名，而且必须以正确的方式来进行。后世有关这个问题的辩论都主要遵循了西塞罗的区分标准，而他的这两套标准现在更多是以中世纪拉丁术语"jus ad bellum"（诉诸战争的权利）和"jus in bello"（战争法规）的形式为世人所知。

诉诸战争的权利

正义的战争实际上应该是一种自卫行为，是对无理侵略的报复，并且应该作为最后的手段。它应该由合法政府（例如，民选政府）发起，并且给出的回击与自己遭受的攻击应该是对等的（以眼还眼——但不能过火）。

战争法规

但是，战争也应该以适当的方式进行。我们不应该虐待战俘，不应该以平民为目标，也不应该以故意破坏非战略对象和财产为目的。

现代战争

在现代，虽然这些原则已经得到了像《日内瓦公约》（Geneva Conventions）这样的国际条约的支持，但是也有许多无视这些原则的冲突发生。对平民的伤害现在常常被视为"附带损害"（Collateral Damage），并且，"先发制人的战争"（Pre-emptive War）这一概念假定了：即使只是感觉上的或潜在的未来威胁也可能构成军事侵略的充分理由。

斯多葛主义

斯多葛主义者（The Stoics）教导人们：尽管人类的命运掌握在神或命运手中，但我们还是可以通过训练心灵与自然和谐相处来实现幸福。

- 姓名：吕齐乌斯·安涅·塞涅卡（Lucius Annaeus Seneca）
- 生卒年份：公元前4—公元65年
- 国籍：古罗马
- 学派：斯多葛主义
- 主要著作：《致吕齐乌斯的道德书简》（Moral Letters to Lucilius）
- 主要贡献：伦理学

芝诺的门廊

在现代意义上，"斯多葛式的"（Stoical）人指在困难或逆境面前仍能保持坚定的人。然而，这个词起源于希腊语"stoa"，意思是"门廊"，因斯多葛学派的创始人——季蒂昂的芝诺（Zeno of Citium，约公元前336—约前264）——习惯在雅典集会广场的门廊下讲学而得名。（顺便说一句，此"芝诺"非彼"芝诺"，他与我们前面介绍过的那位"悖论爱好者"、埃利亚的芝诺是两个人。）

自然

斯多葛传统借鉴了犬儒主义、伊壁鸠鲁主义和亚里士多德的教义；在古典世界，特别是在罗马帝国鼎盛时期，斯多葛主义有着巨大的影响力，当时不管是奴隶[比如埃皮克提图（Epictetus，55—135）]还是皇帝[比如马库斯·奥雷利乌斯（Marcus Aurelius，80—121）]都是其信奉者。斯多葛主义者认为整个自然（包括所有的有机生命和无机生命）是一个统一的有机体，其功能是由像神一般的心灵来安排的。人类作为这个有机体的组成部分，并不拥有自由意志，但通过培养超然的情感并且明智地接受命运赋予的角色，人类仍然有可能获得幸福。

塞涅卡

塞涅卡是最著名的斯多葛主义者之一，通常也被称作"小塞涅卡"（Seneca the Younger，以便与他的父亲、作家塞涅卡区分开来）。塞涅卡作为一位政治家和悲剧作家，在他的作品和人生中处处体现出斯多葛主义的影响。当专制的罗马皇帝尼禄（Nero）传令命他自杀时，他面对这一指令的方式也成为体现斯多葛特有美德（即，在面对死亡时表现出来的冷静和勇敢）的著名例子。当时，这位哲学家躺在浴缸中，平静地安排着自己的事务，而尼禄的士兵就在一旁站着。

爱任纽的神正论

希腊主教爱任纽（Irenaeus）认为：上帝为了完善人类的灵魂制订了一个计划，而恶之所以存在正是因为它是该计划的必要组成部分。

- 姓名：圣·爱任纽
- 生卒年份：约130—202年
- 国籍：希腊
- 学派：基督教
- 主要著作：《反异端》（*Against Heresies*）
- 主要贡献：宗教哲学

灵魂的发展

爱任纽并不否认上帝创造了恶，但他认为恶存在的原因在于：只有面对挑战和苦难，人类灵魂的全部潜能才能被激发。因此，恶可以被视为对精神发展的磨炼。

上帝的形象

爱任纽认为：人类之所以需要精神发展，是因为我们只是按照上帝的形象而不是按照其本身被创造出来的。为了从前一种情况进化到后一种情况，我们就必须做出某些出于自由意志的选择。因此，在爱任纽的这个神正论中还包含了对自由意志的辩护（这种辩护之后被奥古斯丁采用，这一点我们后面很快会讨论到）。

不必要的痛苦

然而，这种神正论的问题在于：它似乎允许"不必要的痛苦"存在。如果婴幼儿受折磨而死，那么他们还有什么机会发展呢？英国哲学家约翰·希克（John Hick，1922—2012）提出了他自己的"爱任纽式的神正论"（Irenaean Theodicy），他认为这种表面上看来不必要的痛苦实际上是为了引起他人的同情和怜悯。如果所有的痛苦都合理的话，我们就不可能发展出这些情感品质。希克还强调，促进这种情感发展的方法涉及一种观念：人类的发展必须与上帝保持认知的距离。就是说，要摆脱关于上帝存在的理性认识，因此信仰必须是一种自由选择的行为。

认知的距离

中世纪和文艺复兴时期哲学

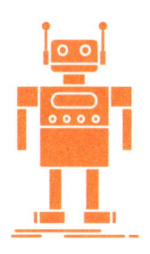

原罪

圣·奥古斯丁（St Augustine）认为，所有人类都继承了亚当的本性，因而恶的存在是人类自由意志堕落的结果。

- **姓名**：希波的圣·奥古斯丁
- **生卒年份**：354—430年
- **国籍**：古罗马（现在的阿尔及利亚）
- **学派**：基督教
- **主要著作**：《忏悔录》（*Confessions*）、《上帝之城》（*City of God*）
- **主要贡献**：宗教哲学、伦理学

惩罚

"神会惩罚不服从者"的观念在诸多宗教和神话中屡见不鲜。例如，在希腊神话中，泰坦族人普罗米修斯（Prometheus）就曾受到这种惩罚——每天都会有一只老鹰啄食他的肝脏，到了晚上他的肝脏又会再生，因此这个惩罚会日复一日地进行下去。而在挪威神话中，诡计之神洛基（Loki）被捆绑在一块岩石上，上面有一条毒蛇不断地从牙缝间滴下毒液，落到洛基的脸上，使他遭受毒液灼烂皮肤之苦。

原罪

然而，在某些犹太教-基督教传统中，原罪的教义提出：因亚当和夏娃在伊甸园里偷吃了智慧树的禁果，所以人类都应受牵连而遭受惩罚。圣·奥古斯丁进一步发展了这一教义，他认为我们不仅要继续承受亚当和夏娃的罪过，而且由于我们是其后裔，故我们肉身的本能就被那第一次的不服从行为败坏了。因此，某些形式的欲望（奥古斯丁称之为"肉欲"）必然是有罪的，只有靠上帝的恩典，我们才能摆脱它们的影响，继而得到救赎。

神正论

奥古斯丁还根据这一教义，提出了一种神正论（即对恶之存在的解释）。与爱任纽不同，奥古斯丁认为，既然上帝是全善的，那么上帝就不可能是恶的创造者；相反，恶只是一种消极的属性，是上帝的不在场。因此，由于亚当违背了上帝的旨意，并背弃了上帝，那么他就用恶败坏了自己的意志；而对于我们这些亚当的后代来说，恶在世间的存在既是第一次不服从行为的后果，也是上帝对这种行为的惩罚。

新柏拉图主义

新柏拉图主义（Neoplatonism）起源于公元3世纪的埃及，它将当时的宗教、哲学以及对柏拉图学说的神秘解读融为一体。

- 姓名：普罗提诺（Plotinus）
- 生卒年份：约205—270年
- 国籍：埃及（当时为罗马帝国的一部分）
- 学派：基督教
- 主要著作：《九章集》（The Enneads）
- 主要贡献：形而上学

太一

人们通常认为，埃及哲学家普罗提诺是新柏拉图主义的创始人。普罗提诺突出了柏拉图对物质世界的不信任，进而提出了一元论（Monism）：根据这种一元论，终极的实在［即所谓的"太一"（the One）］是一个单纯的、不可分割的、像神一般不可见的实体，同时它也是真、善、美的源泉，所有存在着的事物都是从这个实体中流出的，而该实体本身却一直超然于其外［即所谓的"超越"（Transcendent）］。

合一

亚里士多德对于幸福的定义，部分依赖质料因素和社会因素；而普罗提诺则认为真正的幸福是独立于所有这些因素的。既然太一是万物之源，那么通过冥想和理智的沉思而与之合而为一（"henosis"，意思是"合一"），我们就可以达到一种心无旁骛的存在状态。

影响

虽然人们在"新柏拉图主义多大程度上反映了真正的柏拉图主义"这一问题上存在一些争论——其中一种传统的看法是：新柏拉图主义详细地阐述了那些一度遗失了的柏拉图著作或"秘传"学说，但是其影响无疑是巨大的。新柏拉图主义在早期影响了圣·奥古斯丁和诺斯替派（Gnosticism）；但在新柏拉图主义哲学家亚历山大的海帕提亚（Hypatia of Alexandria，约350—370）被基督教狂热分子谋杀后，该学派的影响力似乎就开始急转直下；随着基督教正统派的兴起，该学派的活动最终被迫转为地下。直到文艺复兴时期，马西里奥·菲奇诺（Marsilio Ficino）和乔尔达诺·布鲁诺（Giordano Bruno）的哲学相继问世，新柏拉图主义才逐渐重新浮出水面，此后其影响力还一路延伸到艺术和文学领域，影响了从波提切利（Botticelli）到米开朗基罗（Michelangelo），从但丁（Dante）到莎士比亚整整一代的艺术家和文学家。

基督教哲学

基督教与哲学之间一直存在着一种紧张的关系,所以基督教哲学(Christian Philosophy)是否能够存在仍是一个耐人寻味的问题。

- 姓名:波伊提乌(Boëthius)
- 生卒年份:约480—约524年
- 国籍:古罗马
- 学派:新柏拉图主义
- 主要著作:《哲学的慰藉》(Christian philosophy)
- 主要贡献:伦理学、形而上学、宗教哲学

世俗与宗教的对立

从柏拉图、亚里士多德到培根、笛卡尔,再到科学的兴起,哲学在很大程度上均受到了某种宗教信仰的影响;到了相对近代的时期,哲学才真正地解放了自己,作为一个独立的、基本上世俗的学科而存在。

紧张关系

"基督教哲学"这个术语似乎内含矛盾。基督教的目标是救赎,但理性达不到这个目标,所以必须依靠信仰才行。而哲学的目标是知识,为此它会进行彻底的怀疑和质问,并且默认没有任何信仰(信念)是神圣的。那么,这两者如何能够共存呢?尽管基督徒也可能是哲学家(只要哲学的结论不违背信仰的基本信条),但他也许并不是最真实、最深刻意义上的哲学家——神学和宗教哲学之间的差异也许可以作为一个例证。

波伊提乌

全名阿尼修斯·曼利厄斯·塞维林·波伊提乌,古罗马的政治家、哲学家,由于他与宫廷政治格格不入,因而被提奥德里克大帝(Theodric the Great)以阴谋罪判处监禁,并最终处决。波伊提乌在牢狱中写出了《哲学的慰藉》这部极受欢迎的著作,该书主张:即便在一个不公与邪恶持续存在的世界里,获得幸福以及对上帝的信仰仍然是可能的。这部作品将波伊提乌对希腊哲学的深刻认识与基督教原则融合到了一起,但它既不鼓吹、也不违背宗教的教条。由此看来,这本书也许最接近于真正的基督教哲学著作。

禅

佛教禅宗刻意避开了传统的哲学思辨，更倾向于采取实践的方式，以求帮助修行者实现其真实的本性。

- 姓名：菩提达摩
- 生卒年份：不详，活跃于5—6世纪
- 国籍：印度
- 学派：佛教（禅宗）
- 主要著作：《二入四行论》
- 主要贡献：伦理学、认识论

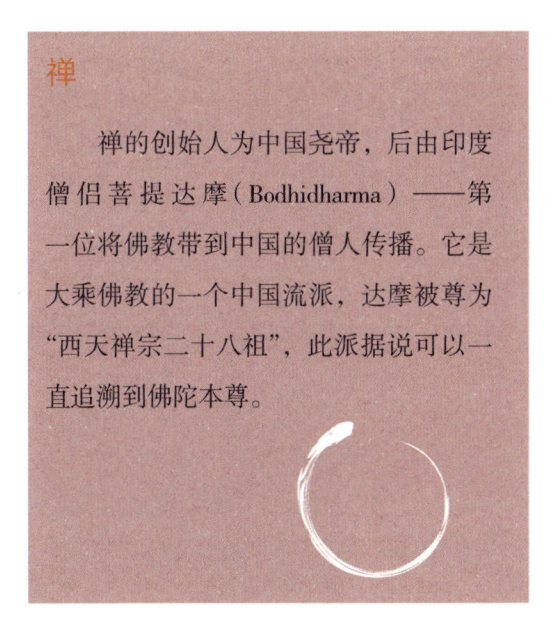

禅

禅的创始人为中国尧帝，后由印度僧侣菩提达摩（Bodhidharma）——第一位将佛教带到中国的僧人传播。它是大乘佛教的一个中国流派，达摩被尊为"西天禅宗二十八祖"，此派据说可以一直追溯到佛陀本尊。

顿悟

佛教的一个中心目的是要帮助修行者获得觉悟，或者说顿悟（即，日语里的"satori"），顿悟会让人突然认识到自身的真实本性，将他从束缚自身于轮回的错误观念和欲望中解脱出来。但是，由于思想本身会阻碍这一目的的实现，因此，禅宗提出了一些无法解决的问题或公案（koans），以便绕过或中断我们以合理化的方式来实现这种目的的倾向。

公案

这些无法解决的问题或悖论通常会以谜题或谜语的形式出现（例如，"单手拍掌会发出什么样的声音？""你出生前拥有怎样的相貌？"等），但是禅师也可能会无所不用其极地来撼动学生固有的思维和行为习惯：他们会吼学生、打学生、吓学生，做出不得体或古怪的行为来对待学生。这是因为从某种意义上说，我们对想要实现的目的（即我们的真实本性）已了然于心。那么，问题不再是"我们该如何实现它？"而是"我们为什么竟忘了它？"就像是我们的思想诱使我们沉睡，而禅宗则试图唤醒沉睡着的我们。

伊斯兰哲学

当哈里发艾卜·曼苏尔（Caliph Al-Mansur, 714—775）将巴格达（Baghdad）定为新阿巴斯哈里发帝国（the New Abbasid Caliphate）的首都时，他就将这座城市建立为学术和文化的中心，以便之后与雅典和亚历山大城相抗衡。

- 姓名：伊本·路西德［Ibn Rushd，拉丁名为"阿威洛依"（Averroes）］
- 生卒年份：1126—1198年
- 国籍：西班牙
- 学派：亚里士多德主义（Aristotelianism）
- 主要著作：《矛盾的矛盾》（The Incoherence of Incoherence）
- 主要贡献：宗教哲学

黄金时代

阿拉伯帝国吸收了希腊、印度、中国和埃及的文化影响，开创了一段属于伊斯兰的黄金时代（Islamic Golden Age），见证了艺术、科学和哲学长达五个世纪的繁荣。

智慧之家

黄金时代的学术中心是"智慧之家"（the House of Wisdom），这个机构由图书馆和学院组成，专门整理和翻译科学、哲学文献，其中就包括柏拉图、亚里士多德和普罗提诺等哲学家的著作。因此，这一时期的伊斯兰哲学时常关注的一点是：如何使亚里士多德主义和新柏拉图主义的理性影响与伊斯兰教义相契合。

阿威洛依

这一时期最重要的哲学家是伊本·路西德，他在西方更为人所知的名字是阿威洛依。阿威洛依非常博学，对天文学、物理学、医学甚至诗歌都很感兴趣。他深受亚里士多德的影响，并撰写了多部关于亚氏作品的学术评论。在这一点上，阿威洛依使伊斯兰哲学摆脱了伊本·西纳（Ibn Sina，约980—1037）——也叫阿维森纳（Avicenna）——的新柏拉图主义，他相信：宗教和哲学应该相辅相成，信仰的真理和理性之间并无矛盾。

漂浮的人

阿威洛依最著名的思想实验"漂浮的人"（the Floating Man）旨在证明灵魂的存在。阿威洛依的这种观点在某种程度上预示了笛卡尔的立场，他要求我们去想象一下，假如我们没有任何感官，也没有任何肉体上的感觉，那么我们还会不会存在？

本体论论证

当其他哲学家还试图在世界的本质与存在中证明上帝所发挥的作用时，安瑟伦（Anselm）却巧妙地提出：上帝存在的最有力证据其实就是我们关于上帝的观念本身。

姓名：坎特伯雷的圣·安瑟伦（St Anselm of Canterbury）

生卒年份：约1033—1109年

国籍：意大利

学派：经院主义（Scholasticism）

主要著作：《宣讲》（*Proslogion*）

主要贡献：宗教哲学

最伟大的存在者

基督教神学家安瑟伦出生于意大利，后升任坎特伯雷大主教。安瑟伦最为人所知的作品是《宣讲》，他在里面提出了上帝存在的本体论论证（Ontological Argument for the Existence of God）。安瑟伦写道：想象一下，世界上存在着一个我们所能设想到的最伟大的存在者。如果这样一个存在者只存在于头脑中，那么我们就还有可能设想出一个更伟大的存在者——因此这个存在者既存在于头脑中，也存在于现实中。法国哲学家勒内·笛卡尔后来对这个论证略加修改，他用"完美"取代了"伟大"，但核心观点还是一样的：这样一个伟大或完美的存在者（即上帝）必然会存在于现实中。

高尼洛之岛

法国本笃会僧侣马尔穆蒂埃的高尼洛（Gaunilo of Marmoutiers，活跃于11世纪）曾提出过一个著名的论证，用来反驳安瑟伦的证明。他论证道："试想一下，如果我们用'一个我们所能设想到的最大的无人岛'来代替'一个我们所能设想到的最伟大的存在者'。"这难道不正说明了"在观念的假定属性中推导现实的存在"这种论证是荒谬的吗？

康德的谓词理论

德国哲学家伊曼努尔·康德（Immanuel Kant）提出了一个更具技术性的反对意见，他说："存在"（Existence）不是某物所具有的谓词（属性）。"上帝是智慧的"不同于"上帝存在"，这是因为"智慧"是一个事物（如果该事物存在的话）所拥有的属性。

经院哲学

经院哲学是在中世纪占据统治地位的一种哲学方法，它试图将希腊哲学的各个方面与基督教神学相融合。经院哲学的主要思想家是圣·托马斯·阿奎那（St Thomas Aquinas）。

- 姓名：圣·托马斯·阿奎那
- 生卒年份：1225—1274年
- 国籍：意大利
- 学派：经院哲学
- 主要著作：《神学大全》（Summa Theologiae）、《反异教大全》（Summa contra Gentiles）
- 主要贡献：宗教哲学、伦理学、形而上学、认识论

中世纪的修道院

顾名思义，经院哲学起源于与基督教中世纪修道院相关的学校和教育活动。因此，经院哲学源于天主教信仰，是受这些教条限制的一套系统和方法。尽管如此，经院哲学家在推进哲学知识和科学知识方面做了很多工作，阿奎那本人就曾为理性思想进行过辩护和声援，因为当时流行的一种观点是理性只会腐蚀宗教信仰。

自然神学

阿奎那非常钦佩亚里士多德，他试图通过自己的多部著作去证明亚氏的思想在许多方面是与基督教的教义相容的。阿奎那认为：理性本身就是一种由上帝创造的能力，所以，在正确的引导下，理性不会使我们远离上帝，只会使我们愈加能够理解上帝的创造。这种方法（即，将理性视为增强信仰的手段）被称为"自然神学"（Natural Theology）。

本轮

然而，伴随着文艺复兴时期以来的科学发展，"经院哲学"一词逐渐被用来指称一种僵化的方法，这种方法只关注那些毫无结果、吹毛求疵的争议。这种指责稍显不公，因为经院哲学曾作出诸多有价值的贡献。但毫无疑问的是，像培根、笛卡尔、伽利略这样的思想家均将经院哲学的教条视为阻碍科学进步的元凶。例如，教会在回应有关行星运动的新发现时，宣称地球是宇宙的中心。受此制约，中世纪的天文学家被迫接受越来越复杂的理论——每颗行星都在自己的小轨道（Epicycle，本轮）中运动。

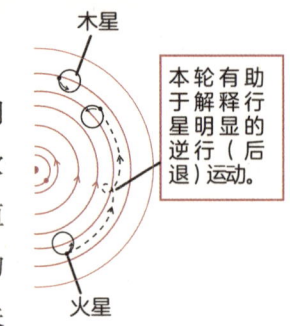

本轮有助于解释行星明显的逆行（后退）运动。

宇宙论证明

与"理性可以增强信仰"的信念一致，阿奎那提出并补充完善了多种关于上帝存在的论证，其中就包括宇宙论证明。

原因与结果

阿奎那将他在柏拉图和亚里士多德那里学习到的思想做了进一步的延伸，他认为：撇开宇宙可能具有的所有独特之处，宇宙的存在本身就能证明上帝的存在。阿奎那是基于原因和结果的本质提出这一观点的。如果所有存在的事物都有一个动力因（按照亚里士多德的术语），那么世界本身也应有一个动力因。因此，必定有一位创世者或某种力量，使世界得以存在。

不被引起的原因

但是，如果世界本身也必须要有一个原因，那么这个原因又是被什么原因引起的或创造的呢？如果宇宙的存在是由某种物理过程或事件引起的，那么这个过程或事件似乎也需要一个原因。进而，这一潜在的、无限的因果链条就必然会在某个地方中断，否则事物的开端又在哪里呢？因此，必须有某个终极原因存在，它负责创造一切并使之运转［此即亚里士多德所谓的"第一推动者"（Prime Mover）］，但它本身是"不能被创造的"，也是"不受推动的"。阿奎那认为，这样一个"普遍的原因"必须是全能的，因而只能是上帝。

自因

然而，事实真是这样的吗？比如说，为什么世界就不能无缘无故地突然出现，或者它为什么不能是自己的原因（用拉丁语表达就是"causa sui"，即自因）呢？阿奎那排除了这种可能性。一方面，所有事物的产生都必须有一个原因（"无"不能生"有"）；另一方面，事物本身不能是它自己产生的原因，因为从逻辑上说，如果有自因，自因就必须在自身存在之前已经存在，毕竟只有这样才能引起自身的存在啊！

奥卡姆剃刀

英国修士奥卡姆的威廉（William of Ockham）认为：当你要在相互竞争的各种理论中做出选择时，最简单的解释往往是最好的。

- 姓名：奥卡姆的威廉
- 生卒年份：1285—1349年
- 国籍：英国
- 学派：经院哲学
- 主要著作：《逻辑大全》(Summa Logicae)
- 主要贡献：形而上学、认识论

简约原则

众所周知，"奥卡姆剃刀"（Ockham's Razor）是一种方便易用的经验规则，并且在科学争议存在的情况下尤其有用。它提供了一条简单的基础规则，可以帮助我们在不同的解释中做出选择。根据这条规则，在所有其他条件均相同的情况下，我们应该选择前提条件最少的那种方法。因此，它也被称为简约原则（the Principle of Parsimony）。

相互竞争的理论

但这个"最少"是从哪个角度来说呢？奥卡姆在这里针对的是形而上学，或者一种关于世界本质的学问——这种学问超出了感官经验或逻辑证明的能力范围。因此，形而上学的问题往往是没有答案的。诸如"是谁或是什么创造了宇宙？""意识的真正本质是什么？"这样的争议依然存在，因为无论人们提出过任何证据或者任何公认的理论，总是还有一种可能性存在：某种不同的方法也可能与这些事实相符。

形而上学的简约主义

因此，根据奥卡姆剃刀原则，物理学家会主张大爆炸（the Big Bang）理论是对创世问题（相对于上帝创世说）的最佳解释，因为如果宇宙仅仅按照物理定律运作，那么也就不需要用到多少形而上学概念，换言之，它更简约。而且，如果我们可以不把上帝作为宇宙的创造者，那么我们就应该这么去做。当然，应该指出的是：这个假设（即真正科学的解释是更简单的解释）本身就是形而上学的，因而它是无法得到证明的。

人文主义

始于14世纪的人文主义（Humanism）主张：人类的价值、经验、互相关切是最为重要的——人文主义更加依赖理性，为此不惜牺牲信仰或传统。

- 姓名：爱拉斯谟（Erasmus）
- 生卒年份：约1466—1536年
- 国籍：荷兰
- 学派：文艺复兴时期的人文主义
- 主要著作：《愚人颂》（In Praise of Folly）
- 主要贡献：伦理学、宗教哲学

文艺复兴

这场运动起源于文艺复兴（Renaissance）时期的人文主义思想家德西德里乌斯·爱拉斯谟·罗特罗达莫斯（Desiderius Erasmus Roterodamus，他更为人所知的名字是"爱拉斯谟"）。爱拉斯谟是一位荷兰基督教学者，他揭露并讽刺了天主教会的种种放荡行径，鼓励人们理性地、批判地理解圣经。这种理论对教育尤为重视，特别是人文学科教育（如历史、道德哲学、古希腊-古罗马文学，等等），这些学科将人类及其作品当作真正的研究对象，而"人文主义者"（Humanist）一词便由此而生。

启蒙运动

17世纪到19世纪通常被称为"启蒙运动时期"（Enlightenment）或"理性的时代"（Age of Reason），像伏尔泰、休谟、康德这样的启蒙哲学家虽然在某些方面（例如，他们对宗教的态度）存在分歧，但他们都延续并扩展了人文主义的传统——在科学、哲学和人类事务方面，强调理性的力量以及对理性的正确运用。正是这种对理性、人的价值，以及个人的重要性与权利的强调，使人文主义最终得以脱离其宗教根源，向世俗主义（Secularism）发展。

世俗主义

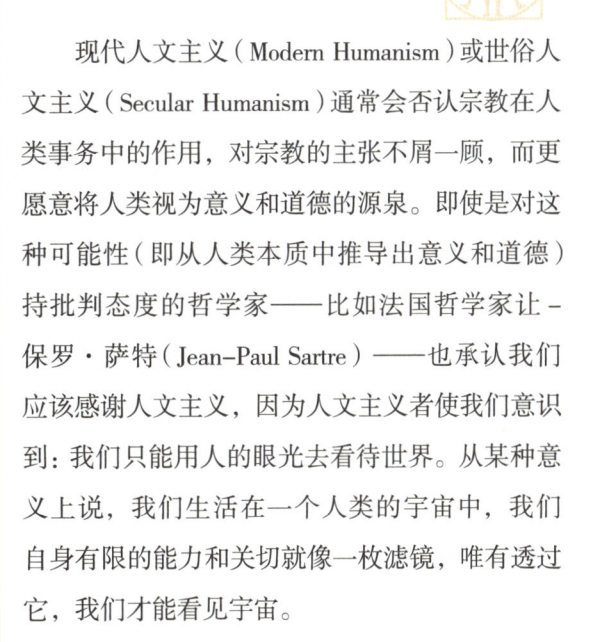

现代人文主义（Modern Humanism）或世俗人文主义（Secular Humanism）通常会否认宗教在人类事务中的作用，对宗教的主张不屑一顾，而更愿意将人类视为意义和道德的源泉。即使是对这种可能性（即从人类本质中推导出意义和道德）持批判态度的哲学家——比如法国哲学家让-保罗·萨特（Jean-Paul Sartre）——也承认我们应该感谢人文主义，因为人文主义者使我们意识到：我们只能用人的眼光去看待世界。从某种意义上说，我们生活在一个人类的宇宙中，我们自身有限的能力和关切就像一枚滤镜，唯有透过它，我们才能看见宇宙。

一看就懂的哲学

政治现实主义

尼可罗·马基雅弗利（Niccolò Machiavelli）认为：政治统治者不应以道德为导向，而应以实际利益为导向——在追逐这些利益时，几乎所有手段都是正当的。

- 姓名：尼可罗·马基雅弗利
- 生卒年份：1469—1527年
- 国籍：意大利
- 学派：古典现实主义（Classical realism）
- 主要著作：《君主论》（The Prince）
- 主要贡献：政治哲学

马基雅弗利主义

在现代意义上，我们所说的"马基雅弗利主义"（Machiavellian）是指进行秘密交易、暗杀及通常意义上的卑鄙阴谋。马基雅弗利本人是否会为他的这一"遗产"感到自豪，这还很难说，因为关于"他本人到底持有怎样的道德观"这个问题，仍然存在争议并且答案模糊不清。但我们可以肯定地说：至少在政治领域，马基雅弗利认为，目的往往证明了手段的正当性，而一位试图运用基督教道德原则（来治理国家）的领导人很可能会马上垮台。

人性

马基雅弗利的哲学可以被看作是古典现实主义或政治现实主义（Realpolitik）的先驱，这种政治理论通常涉及国际关系。在托马斯·霍布斯（Thomas Hobbes）的发扬下，这一观点在现代蓬勃发展——殖民帝国的"炮舰外交"（the Gunboat Diplomacy）和冷战超级大国的"强权政治"皆可视作实例。马基雅弗利理论的基本假设是：人性是不会改变的，人们做任何事皆出于自利，为此不惜牺牲他人的利益。所以，正如美国前总统西奥多·罗斯福（President Theodore Roosevelt, 1858—1919）所言：最好的外交政策是"说话要轻声细语，但手里要握着大棒"。

理想主义

这种观点通常与政治理想主义相对，后者认为：通过协商、合作以及构建国际法，国际关系就会得到更好的发展。因此，联合国的建立和国际人权公约的制定可以被视为理想主义外交政策的实例，也可以被视作对一种更受信任、更为乐观的人性观的确证。

乌托邦

完美社会的概念在最早的神话、哲学和宗教中就已经存在，但后来逐渐转向一种技术性的表达。

- 姓名：托马斯·莫尔爵士（Sir Thomas More）
- 生卒年份：1478—1535年
- 国籍：英国
- 学派：人文主义
- 主要著作：《乌托邦》（Utopia）
- 主要贡献：政治哲学

完美的岛屿

"乌托邦"一词是由英国律师、政治家托马斯·莫尔爵士创造的，他于1516年发表的同名作品《乌托邦》由讽刺故事和虚构故事组成，描绘了一个完美的岛屿社会，在那里既没有宗教不容忍，也没有腐败和不平等。

反乌托邦

莫尔在为典型的人类问题提出实用的政治解决方案时，延续了柏拉图的传统，而这种传统随着科学的发展——从弗朗西斯·培根（Francis Bacon）的《新亚特兰蒂斯》（New Atlantis，1527年）到 B. F. 斯金纳（B. F. Skinner）的《瓦尔登湖第二》（Walden Two，1948年）——逐渐将技术视为中心。然而，技术既能被用来做好事，也能被用来干坏事，其他作家也认识到了乌托邦的阴暗面，即可能会导致极权主义［比如乔治·奥威尔（George Orwell）的《1984》（Nineteen Eighty-Four）］，以及由享乐所驱使的逃避主义［比如奥尔德斯·赫胥黎（Aldous Huxley）的《美丽新世界》（Brave New World）］，并主张这种无法实现的完美梦想很可能会导致反乌托邦的梦魇（Dystopic Nightmares）。

非世俗的共产主义

莫尔所描绘的岛民过着相当简朴的共产生活，无论男女都要在相同的基本行业（农业、纺织、木工、参军等）中选择自己从事的工作。他们没有私人财产，因此不需要钱。与柏拉图在《理想国》中的构想一样，未来有可能担任统治者和牧师的人在年轻时就被挑选出来，接受特殊的教育。尽管在这个岛上仍有奴隶，但他们主要是战俘和罪犯，并且经改造后有资格获得解放。基于上述种种举措，乌托邦既无人失业，也鲜有犯罪，更不存在因阶级分化而产生的怨恨。在宗教上，乌托邦对各种信仰（甚至在某种程度上对无神论）也是宽容的——这颇为吊诡，因为莫尔本人强烈反对宗教改革，并声称要对新教徒实施打压。

怀疑主义

在质疑我们对知识的要求时,许多哲学家将怀疑论视为需要克服的障碍,但它也时常会发挥较为积极的作用。

- 姓名:米歇尔·德·蒙田(Michel de Montaigne)
- 生卒年份:1533—1592年
- 国籍:法国
- 学派:人文主义
- 主要著作:《随笔集》(*Essays*)
- 主要贡献:认识论、伦理学

不同程度的怀疑主义

怀疑主义(Scepticism)有不同的程度。极端的怀疑主义可能会质疑"存在是否有任何意义?"[虚无主义(Nihilism)]、"是否存在着客观真理?"[相对主义(Relativism)],甚至质疑"除我之外的其他人是否存在?"[唯我论(Solipsism)]。但这些怀疑和哲学本身一样古老,并且从哲学开创伊始,哲学家就毫不避讳地揭示了这些怀疑所可能采取的各种形式,比如视错觉、幻觉、梦境、记忆中和判断中的失误,等等。

皮浪主义

然而,另一些哲学家认为:一般的怀疑主义对健康是有益的。法国政治家米歇尔·德·蒙田就是其中一员,他的《随笔集》对当时的文艺复兴思想产生过巨大的影响。蒙田不认为在宗教和哲学问题上会有确定性,反而主张:这种怀疑的态度会引导我们走向宽容和谦逊。蒙田对各种各样的事物都充满了无限的好奇——他的随笔广泛涉猎了死亡、酗酒、气味和预言等各种主题——尽管如此,他还是采纳了一种被称为"皮浪主义"的观点[皮浪主义的创始人为古希腊哲学家爱利斯的皮浪(Pyrrho of Elis),生卒年份大约在公元前360年至前270年]:确定性是不可能达到的,因此如果我们搁置判断(Suspend Judgement,既不肯定,也不否定),我们的生活会更加幸福。

具体的怀疑

然而,哲学家们所提出的各种稍弱的怀疑主义,主要是用来支持自己提出的理论。正如在别处所讨论的那样,贝克莱(Berkeley)质疑了物理事物的存在,以此支持他自己的观点;休谟怀疑我们是否有能力不依靠经验而去认识原因和结果;而笛卡尔则用怀疑主义的论证来寻找某种不可怀疑的东西。

早期现代哲学

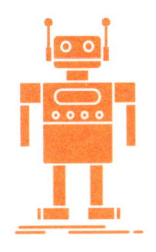

科学方法

弗朗西斯·培根爵士是伊丽莎白时代的哲学家、律师、政治家，他认为科学家必须质疑那些公认的宗教和哲学权威，通过这一理论，培根奠定了现代科学的基础。

- 姓名：弗朗西斯·培根
- 生卒年份：1561—1626年
- 国籍：英国
- 学派：经验主义（Empiricism）
- 主要著作：《新工具》（*Novum Organum*）、《论科学的增进》（*The Advancement of Learning*）
- 主要贡献：科学哲学、认识论

科学方法之父

培根经常被视作哲学层面上的现代科学之父。这并不是因为科学家们现在仍遵循他所制定的方法，而是因为他的方法论使人认识到：如果要增进科学知识，就需要更加重视观察、实验和数据收集，并减少对圣经权威和亚里士多德教义的依赖。

演绎法

亚里士多德的研究方法很大程度上依赖于逻辑推理[演绎推理（Logical Deduction）]，即从假设或前提推导出结论的论证过程。如果假设是正确的，并且论证形式遵循了逻辑规则（其形式是有效的），那么得出来的结论就会是真实的、确定的。但是，如果在各个前提中混有一个假前提，那么，即使论证形式是有效的，结论也不可能为真。因此，演绎论证的合理性不能超出其前提的合理性，并且亚里士多德的许多假设现在都已经被推翻了。

培根的新归纳法

培根认识到，为了避免这种错误，我们在作出解释和假设时应更加谨慎，而这一过程被称为"归纳"（Induction）。因此，培根提出了一种方法——他称之为"新归纳法"（New Induction），这种方法侧重于收集和比较数据，并谨慎地推出暂时的结论，以便通过进一步的实验和分析来加以检验。与演绎法不同，归纳法的论证超出了可以从前提中推断出来的内容。因此，归纳论证有可能是错误的。然而，由于我们能够凭借这种论证作出概括和预测，所以它又是具有科学价值、能增加知识的一种论证。

演绎论证
前提1：所有的人最终都会死亡。
前提2：弗朗西斯是人。
结论：因此弗朗西斯终将会死亡。

归纳论证
前提1：迄今为止没有人曾活过200岁。
结论：将来也不会有人能活过200岁。

自然状态

对托马斯·霍布斯（Thomas Hobbes）来说，政治权威的正当性在于对个人权利和安全的保护，否则就将导致无政府状态和暴力。

- 姓名：托马斯·霍布斯
- 生卒年份：1588—1679年
- 国籍：英国
- 学派：经验主义
- 主要著作：《利维坦》（Leviathan）
- 主要贡献：政治哲学

社会契约

哲学家所谓的"自然状态"（the State of Nature）描述了一种假设的情景：个人生活在没有法律或政治权威的环境之中。这种状态可能会被用来与政治权威给予社会成员的福利和保护进行对比。如果社会成员在放弃某些自由的同时，同意遵守该社会的法律，那么他们就订立了一种社会契约（Social Contract）。

假设性的协议

这份契约同样也是假设的——新生儿并不会阅读或签署任何协议，而成年人也几乎不会意识到自己受到了此类协议的任何约束，这种协议仅代表了政治权威在理论上的正当性。那么，我们为什么必须遵守法律，并服从国家的权威呢？这是因为作为回报，国家也会保障我们的权利，并确保我们的安全。

人性

虽然许多哲学家都认同这种方法，但他们对"何为人性""如何对权威进行限制"，以及"社会契约保护的是何种权利和自由"等具体问题的看法往往有所不同。其中，霍布斯人性观中体现出来的悲观色彩尤为引人注目，他认为人类天生自私，并会诉诸暴力。

《利维坦》

正是为了与人类的这些阴暗面作斗争，霍布斯把自己的理想国家描绘成了一个对其国民拥有绝对主权和绝对权力的怪物。就像《约伯记》（Book of Job）中的神话怪物利维坦一样，这个国家是骇人而强大的。国家的权力来自组成它的所有个人，为了保护彼此免遭暴力和人类心中固有的无秩序倾向的影响，任何手段和措施似乎都是正当的。

确定性

尽管怀疑主义长期困扰着哲学，但法国哲学家、科学家勒内·笛卡尔提出：我们无法怀疑一切。

- **姓名**：勒内·笛卡尔
- **生卒年份**：1596—1650年
- **国籍**：法国
- **学派**：理性主义（Rationalism）
- **主要著作**：《第一哲学沉思集》（*Meditations*）、《谈谈方法》（*Discourse on Method*）
- **主要贡献**：心灵哲学、认识论

对感官的怀疑

我们大多数人都会承认：我们会受到自己感官的捉弄——不管是视觉幻象、错觉，还是其他的感官错误，这些都在告诉我们，由感官接收到的信息并不总是可信的。

怀疑的浪潮

对感官的怀疑并不是唯一的问题。如果我们彻底地进行怀疑，会发生什么？如果说此刻你其实正在做梦，但你自己却毫不知情，那会如何呢？你能够百分百地肯定自己不是在做梦吗？如果往更极端地说，存在的整体不过是某个全能的邪恶实体设下的某种骗局，他甚至能够在你自认为最清楚明白的事情（比如数学和逻辑的真理）上欺骗你，那会怎么样？这难道不意味着我们对任何事情都不能确定吗？

感官幻象　生命是一场梦　宇宙骗局

勒内·笛卡尔

笛卡尔的核心洞见在于：他认识到，即使在面对最彻底的怀疑时，我们至少也还能够确定——我们存在；因此，他最著名的论断是"我思，故我在"。因为，即使一切都是幻觉，但我们至少必须先存在，才能受其迷惑。而笛卡尔试图以这种所谓的"确定性"（Certainty）来作为所有知识的基础。因此，这种认识方法被称为"基础主义"（Foundationalism）。

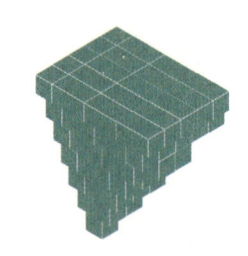

理性主义

针对"我们如何获得并证明我们的知识？"这个哲学问题，笛卡尔提出的解决方案被称为"理性主义"，理性主义者主张理性是我们所有知识的基础。

理性主义与经验主义之争

在哲学史上，认识论（知识的理论）主要有两条路线：理性主义和经验主义。经验主义者认为我们的知识大部分甚至全部来自经验，而理性主义者则主张理性观念起核心作用。现在这些术语大多只具有历史意义，并且哲学家可能会同时表现出两者的特点，尽管如此，这些标签仍然有助于我们理解这两个学派在历史上对推动哲学进程所起到的作用。

笛卡尔的蜡烛

笛卡尔以蜡烛为例来说明他的观点：在正常状态下，蜡烛具有某些属性（形状、气味、颜色、重量、大小等），而一旦熔化，这些属性就会改变。那么，蜡烛"真正"的属性是什么呢？我们只能用科学术语来理解这些属性——这些属性是当热能破坏分子键时蜡熔化的方式，也是当光线与半透明的蜡发生特有的相互作用时颜色变化的方式。因此，对蜡烛本质的真正理解取决于基本的理性观念和科学原理，而不是（或不仅仅是）我们的感官经验。

天赋观念

作为一位理性主义者，笛卡尔认为：虽然感觉经验在向我们提供信息方面发挥了重要作用，但如果没有一个由各种理性观念组成的框架去理解和解释它，这种经验亦是毫无意义的。笛卡尔也和柏拉图一样相信在这些理性观念中有许多是人生来就有的。

笛卡尔的梦

尽管笛卡尔的理性主义明显带有科学的基础，但它似乎也带有宗教的启示。笛卡尔年轻时曾在巴伐利亚一个小村庄生活，他在那里曾有过一段宗教体验。笛卡尔当时蜷缩在壁炉前御寒，他做了三段令人不安的白日梦或者说产生了三次幻觉[（类似于他所谓的"怀疑的浪潮"，Waves of Doubt）]，这或许塑造了他最终的信念：宇宙是拥有理性秩序的，因此可以被人的理性所认识。

未熔化的蜡烛
红色的
高的
圆柱形的

与

熔化了的蜡烛
柔软的
变小了的

二元论

笛卡尔得出结论：我们本质上是精神的存在者。他把人性分为两种截然不同的实体——这种观点被称为"二元论"（Dualism）。

两种实体

笛卡尔在获得终极的确定性（"我思"）之后得出结论：我们本质上是"思考着的东西"。我会走路、会说话、会吃饭、会睡觉，但本质层面的我——不可怀疑的我——是思维着的。相比之下，我的身体就不太容易为人所知了，我们可以想象，"我"在没有身体的情况下仍然可以继续存在，并且就连身体的存在本身也可能会受到怀疑。因此，笛卡尔的二元论主张：我们拥有一个由物质构成的身体（res extensa，即"有广延之物"），以及一个由精神构成的心灵（res cogitans，即"思维之物"）。对笛卡尔来说，心灵没有物理属性，它不占有空间，也不拥有任何运动着的部分——事实上，它根本没有任何部分。相反，物质没有精神属性，它们既不思考，也不感受，既无感觉，也无欲望（以任何有意识的方式），所有这些东西都属于心灵。

物质（Matter, res extensa 在拉丁语中的意思是"有广延的东西"）：既不思考，也不感受；在空间中具有维度（大小、形状、质量）；可被测量，可分。

心灵（Mind, res cogitans 在拉丁语中的意思是"在思维着的东西"）：能思考，能感觉；没有大小、形状和质量；既不可测量，也不可分。

身心交感问题

这个问题似乎没有简单的解决办法，因为按照笛卡尔的定义，精神和物质是不能相互作用的，否则它们就不会像他所设想的那般"截然不同"了——如果是这样的话，我们为什么还应当认为存在着两种不同的"实体"（Substances）呢？笛卡尔本人似乎没有意识到这个问题的严重性，他自己提出的解决办法也只是试探性的，并非经过深思熟虑的。例如，他认为身心的相互作用可能是经由大脑的松果体（the Pineal Gland）发生的——但是，松果体难道不属于物质实体吗？这种解答不过是又回到了这一问题。

可能的解答

由于身心交感问题的存在，后来的大多数哲学家都放弃了二元论，转而支持某种物理一元论（Physical Monism，即只有一种实体，并且这种实体是物质的实体，而不是精神的实体）。当然，正如我们稍后会看到的那样，一元论也引发了其他问题。

商标论证

为了确保知识的确定性，笛卡尔需要证明上帝的存在。他所提出的商标论证（the Trademark Argument）指出：存在于我们心中的上帝观念就是上帝存在的证据。

神圣的工匠

除了对圣·安瑟伦提出的本体论论证有所改进外，笛卡尔还提出了一个新的论证：我们拥有一个关于上帝的观念，这个事实本身是至关重要的。本体论论证试图根据一个"完美的存在者"的概念之本质来论证这样一个存在者必须在现实中存在；而笛卡尔的商标论证则提出："关于上帝的观念"的存在本身就是上帝存在之明证——上帝必定亲自把这个观念提前置于我们的头脑中，就像一个工匠在他已完工的作品上留下自己的签名或商标那样。

笛卡尔的循环论证

然而，为维护知识的确定性，笛卡尔似乎使自己陷入了一个人尽皆知的循环论证（Circular Argument）中。我们知道某些观点是正确的，因为它们是"清楚且明白的"。但是，我们如何能肯定"清楚且明白"的观念就是"真观念"呢？因为，笛卡尔认为：创造他的上帝并不是恶意的，而且他也不会允许被我们"清楚且明白地感知到"的东西是假的。但我们怎么知道上帝存在呢？这是因为我们清楚且明白地感知到了上帝存在论证的真实性……那么，这就是一个循环论证：笛卡尔需要上帝来确保清楚且明白的观念是真实的，而清楚且明白的观念又反过来证明了上帝的存在。

观念的来源

观念可以来自任何地方。或许我们关于上帝的观念还有别的来源？笛卡尔到底是通过自己的经历，抑或是通过自己的想象才获得这一观念的呢？然而，难道我们通过举出（例如）关于能力的日常例子并加以放大，就能真正得到一个关于全能的观念吗？或者说，我们通过举出智者智慧的例子并使之倍增，就能真正得到一个关于全知的观念吗？这难道不只是让我们获得了一个"更聪明或更有能力的存在者"的观念，而非"拥有无限智慧或能力的存在者"的观念吗？如果真是这样的话，那么这些观念就不能来自经验，而必须是与生俱来的，是上帝留在我们头脑中的，因为只有上帝才拥有足够的能力和智慧，能够创造出这些观念。因此，笛卡尔的论证依赖于这样一种看法，即我们永远无法通过经验来获得真正的无限性概念。但笛卡尔在这一点上是正确的吗？就像我们虽然不能画出两条永不相交的直线，但我们难道不能提出这个设想吗？

帕斯卡的赌注

布莱士·帕斯卡（Blaise Pascal）驳斥了传统的上帝存在论证，认为它们都缺乏说服力，他主张：考虑到一旦失败可能蒙受的损失，相信上帝将是"最佳的选择"。

- 姓名：布莱士·帕斯卡
- 生卒年份：1623—1662年
- 国籍：法国
- 学派：理性主义
- 主要著作：《思想录》（Pensées）
- 主要贡献：宗教哲学

布莱士·帕斯卡

法国哲学家、科学家、数学家布莱士·帕斯卡既对宗教充满虔诚，又对学术充满热忱，这两种本质上对立的方向引导着帕斯卡的一生。宗教需要信仰、谦卑和服从；而科学则要寻求解释、培养对自身能力的自豪感，并且要学会质疑种种假设。事实上，帕斯卡逐渐相信：要确保宗教的真理，单靠理性是远远不够的。通往宗教真理的最后一步始终是出于意志的。

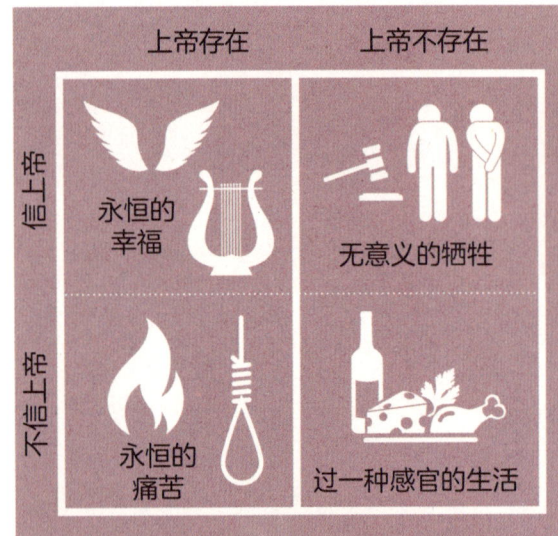

	上帝存在	上帝不存在
信上帝	永恒的幸福	无意义的牺牲
不信上帝	永恒的痛苦	过一种感官的生活

理性的赌局

然而，为了促进信仰，我们仍然可以诉诸理性。"帕斯卡的赌注"（Pascal's Wager）就是这种尝试的一个著名例子。当我们面对上帝是否存在的问题，以及选择如何度过一生时，最理智的做法应该是怎样的呢？在天国中享受永恒的幸福，总是要胜过穷其一生去追求快乐，而对永恒诅咒的恐惧也会超过对错失感官享受的担忧。那么，将赌注押在上帝和品德高尚的生活上，难道不是最好的选择吗？想一想如果不这么做，你将会付出怎样的代价！

一元论

笛卡尔的二元论引发了身心交感问题；而斯宾诺莎（Baruch Spinoza）为了解决这个问题，继而提出：心灵和物质实际上是同一个单一实体的两个方面。

- 姓名：巴鲁赫·斯宾诺莎
- 生卒年份：1632—1677年
- 国籍：荷兰
- 学派：理性主义
- 主要著作：《伦理学》（Ethics）
- 主要贡献：形而上学、心灵哲学、宗教哲学

神圣的统一体

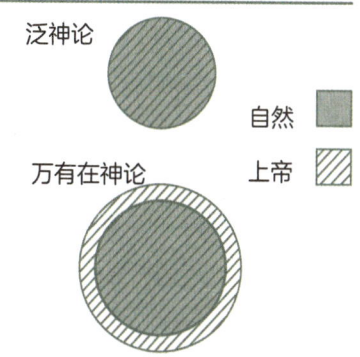

学界在"如何界定斯宾诺莎的确切观点"这一问题上存在一些争议。在上帝与物质世界的关系问题上，斯宾诺莎有时被称为泛神论者（Pantheist，泛神论者主张上帝与自然是同一的）或某种万有在神论者（Panentheist，万有在神论者主张自然只是上帝的一部分，而不是上帝的整体，上帝的整体一直延伸到宇宙之外）。无论如何，斯宾诺莎始终赞同巴门尼德的一元论观点，即：不存在个别的实体，每一个存在者都是同一个潜在统一体的其中一部分。

属性和样式

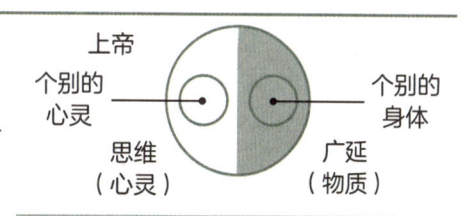

斯宾诺莎的观点与同为理性主义者的笛卡尔（笛卡尔对其影响很深）的观点形成了有趣的对比。然而，与笛卡尔不同的是：斯宾诺莎认为思维（心灵）和广延（物质）是上帝的属性（上帝存在的两个方面），其中，个别的实体仅仅是这些属性的模式或变形。笛卡尔认为物理事物都是同一种实体的不同部分——构成我身体的原子与构成宇宙的原子是混合在一起的。但对斯宾诺莎来说，心灵也是如此：个别的物理事物只是同一物质之物的不同形态，个别的心灵也是同一精神之物的变形。在某种意义上，我们都是上帝的思维。

决定论

斯宾诺莎的一元论引发的一个后果是：既然我们并不是独立的存在者，不过是思想和广延这两种神圣属性的中转处，那么我们也就不具有自由意志。我们所做的一切都只是对上帝意志的表达。

经验主义

约翰·洛克（John Locke）虽然不是第一位经验主义者，但却是英国最重要的经验主义者之一。他主张：经验在获取知识方面发挥了关键的作用。

- 姓名：约翰·洛克
- 生卒年份：1632—1704年
- 国籍：英国
- 学派：经验主义
- 主要著作：《论宗教宽容》（*A Letter Concerning Toleration*）、《政府论》（*Two Treatises of Government*）、《人类理智论》（*An Essay Concerning Human Understanding*）
- 主要贡献：形而上学、认识论、政治哲学、心灵哲学

白板说

洛克有一个著名的论点：人在出生的时候，心灵就像是一张白板（tabula rasa），随时准备接受感官在它上面留下来的任何印象，然后就可以在此基础上去构建和检验各种观念和理论。

简单观念和复杂观念

构成知识基础的感官印象就是洛克所说的"简单观念"（Simple Ideas）。简单观念包括颜色、气味、味道、形状，等等。然后，心灵就会对这些简单观念进行抽象、比较和组合，从而形成与空间和时间、原因和结果，以及其他基本概念有关的复合观念（Complex Ideas）。例如，一个橙子的感官印象会产生各种不同的简单观念，如：橙色、球体、粗糙、酸甜等。然后心灵就可以在这些简单印象上进一步加工，进而产生出更复杂的观念，如水果或成熟。

球体　水果
粗糙　成熟
简单观念　复杂观念

天赋知识

洛克通过这种方法反驳了笛卡尔等理性主义者所持有的信念，即：某些观念是天赋的（生而具有的）。洛克提出了两个主要的论点来驳斥天赋观念说。第一，人类的历史和文化并不统一，这表明不同民族从不同经历中形成了不同的概念和观念。第二，任何共有的观念都可以通过"人类拥有相同的心理能力和经验类型"这一事实而得到更好的解释。

宽容

欧洲新教徒和天主教徒在"如何解释宗教"这个问题上相互撕缠，而洛克指出真正的前路是宽容（Tolerance）。

政教分离

洛克认为有许多正当理由表明，国家应对不同宗教观点采取宽容态度。其中最主要的理由是这样一个事实：人类的判断是容易出错的——我们如何才能确定上帝真正的意图呢？或者，我们该如何解读圣经呢？为了实现社会的公正与和平，我们应该将教会和国家分开[即所谓的"政教分离"（Disestablishment）]，这样一来，国家所制定和执行的法律就能独立于任何宗教信仰，而国家以宗教为由发起的迫害也就不可能再出现了。

个人信仰

洛克还认为，宽容有可能会创造出一个更有序、更和平的社会。我们不可能强迫人们真的去改变他们的信仰，这样做其实更有可能导致对立。事实上，正如另一位自由主义哲学家约翰·斯图亚特·穆勒（John Stuart Mill）后来所说：人们越是能自由地表达、讨论各种观点，社会就越有可能凝聚在一起，因为自由辩论使人们能够理性地与他人交往，并通过和平的方式来改变自己或他人的观点。

宽容的悖论

然而，宽容在实践中的问题在于：它似乎会允许那些与之相反的实践存在。我们是否应该宽容那些本身就缺乏宽容的观点呢？这就引出了奥地利哲学家卡尔·波普尔（Karl Popper）所谓的"宽容悖论"（the Paradox of Tolerance）：无底线的宽容会导致那些有损宽容之实践的观点存在。因此，我们是否应该为言论和行动自由设限（即为宽容设定标准）呢？比如，我们可以将仇恨言论判定为非法行为吗？但又由谁来设定这些标准呢？

人格同一性

洛克首次提出了如下观点：人格同一性（Personal Identity）的基础在于我们意识到自己一直都是同一个人，并拥有相同的记忆。

道德责任

洛克想知道到底是什么让一个人对自己过去的行为负责。如果我们试图因某人十年前做过的事来责备（或赞扬）他，那么我们必须先了解到底是什么确保了一个人的人格同一性。是什么让"日新月异"的我们始终是同一个人呢？

物理连续性

对于物理事物来说，其同一性是基于对其时间线（这条时间线是由前后相继的不同存在阶段所构成的）的追溯，它表明了各个物理部分具有相同或相似的结构与功能，并随着时间（或不随时间）增长、变化。某只幼犬和成犬之所以被视作同一条狗，是因为我们可以看到它们都有相似的斑点、四条腿、一条尾巴、都喜欢追逐猫，等等。因此，尽管这条狗在行为和外貌方面都有所成长、有所变化，但它的生活将这些成长和变化以一种故事的方式结合在一起，而这个故事是由这条狗的本性和功能所决定的。

心理连续性

但是，当我们开始考虑"我们今天所认识的'约翰'和十年前的'约翰'是不是同一个人"时，单凭"他始终拥有着同一副躯体"这个理由是不足以说明问题的。洛克认为：如果要控诉某人犯了某种罪，那么他们必须记得自己所犯过的罪行。当时他可能因为药物、精神病甚至梦游而暂时丧失了心智能力，并且（也许是合理地）声称自己是无辜的：因为他根本不记得。对洛克来说，这足以证明你其实已经不是同一个人了。这种论证会产生许多有趣的结果，稍后我们将在本书中展开讨论。

早期现代哲学

充足理由律

莱布尼茨（Leibniz）相信：任何一个存在的事物都有其存在的理由，并且每一件事情的发生都有其原因，而所有真实的事物都有某种合理的证明。

姓名：戈特弗里德·威廉·莱布尼茨（Gottfried Wilhelm Leibniz）

生卒年份：1646—1716年

国籍：德国

学派：理性主义

主要著作：《形而上学谈话》（Discourse on Metaphysics）、《人类理智新论》（New Essays on Human Understanding）、《神义论》（Theodicy）、《单子论》（Monadology）

主要贡献：认识论、形而上学、宗教哲学

理性的宇宙

充足理由律（the Principle of Sufficient Reason）包含了一个根本的观念——世界是可理解的和理性的。因此，从理论上讲，我们提出的任何问题都应该能够得到答案。当然，我们也可能永远找不到这些答案（莱布尼茨并不是说我们可以知晓一切），但在物理学、逻辑学甚至宗教方面，我们至少可以确定答案是一定存在的，并且在整个宇宙中都没有随机或偶然的要素。

无穷后退

但是，再多的"为什么"也一定会有一个最终的解释。如果每一个理由都必须再用其他理由来解释，那么这个过程就可能会永远持续下去——这就是所谓的"无穷后退"（Infinite Regress）。

- 命题1 → 为什么命题1成立？
- 命题2 → 为什么命题2成立？
- 命题3 → 为什么命题3成立？
- 命题4 → 为什么命题4成立？
- 命题5 → 为什么命题5成立？

必然的真理

为了避免这种情况发生，莱布尼茨认为某些东西是必然为真的。换句话说，它们无须进一步的证明。我们知道：我们刚才所听到的噪声是由某个东西引起的，这是基于一个根本的必然真理，即"每一个结果都有原因"。但我们怎么知道这条原则就是真的呢？这是因为：否认这条原则会导致自相矛盾。例如，如果存在着一些无缘由（产生结果的理由）的结果，那么我们也就不能再去追问"为什么"（为了给出一个理由）了，最终会导致这条原则彻底瓦解——以至于我们再也无法询问任何事件背后的理由了。如此一来，宇宙就会是无法理解的。

057

可能世界

在哲学中，长期以来都存在着关于其他可能世界的观念，这个观念为我们理解自己所处世界的真正本质提供了有用的工具。

莱布尼茨

莱布尼茨的一个著名观点是：我们所生活的世界是所有可能的世界中最好的一个。

他的意思是说：不管这个世界有什么明显的缺陷，尽管其他世界是可被设想的，但上帝仍然以其全知、全善选择并创造了这个世界。

模态逻辑

从那时起，哲学家们就以另外的方式来使用这个概念。模态逻辑考察在不同状态下命题的真或假（例如，这个命题必然为真或仅仅可能为真）。比如说，一个有飞猪的世界是可能存在的，但一个"两头猪加上两头猪等于五头猪"的世界是不可能存在的。

严格指示词

有趣的是，美国哲学家索尔·克里普克（Saul Kripke）指出，这就解决了专名[他称为"严格指示词"（Rigid Designators）]的含义问题——在每个可能的世界中，专名必须指称相同的事物。可能存在着这样一个世界：在这个世界中，尼尔·阿姆斯特朗不是宇航员，而是篮球明星。但不可能存在着这样一个世界：在这个世界中，尼尔·阿姆斯特朗拥有另一对父母，或者另外一种基因（尽管可能还有其他人也叫尼尔·阿姆斯特朗，就像在我们这个世界中可能发生的那样）。这种思考为以下问题提供了一种新见解，即如果生你的是另外一对父母，如果你来自另外的种族，或者别的什么情况发生了改变，那么你的生活会是什么样子呢？结论就是：这个人已经不是"你"了。

大卫·刘易斯

虽然"可能世界"的概念通常被假设性地用来探讨形而上学问题，但美国哲学家大卫·刘易斯（David Lewis）主张，这样的世界实际上是存在的。如果我们可以设想出能够在逻辑上保持一致的可能世界，那么（无论它们在何处存在，并且以何种方式存在）又有什么能阻止它们在现实中存在呢？

观念论

爱尔兰哲学家贝克莱主教（Bishop Berkeley）赞同洛克的观点，他认为所有的观念都来自经验，但他同时指出，这种观点实际上并不能证明世界是物质的。

- 姓名：乔治·贝克莱（George Berkeley）
- 生卒年份：1685—1753年
- 国籍：爱尔兰
- 学派：经验主义
- 主要著作：《人类知识原理》（*A Treatise Concerning the Principles of Human Knowledge*）、《海拉斯和斐洛诺斯的对话三篇》（*Three Dialogues between Hylas and Philonous*）
- 主要贡献：认识论、形而上学、心灵哲学

第一性的质和第二性的质

对洛克来说，所有物体都具有第一性（Primary Qualities）和第二性（Secondary Qualities）。苹果具有某些客观的物理性质（大小、形状、重量等）和某些主观的性质（颜色、味道、质地等）。第二性是依赖于心灵的性质，因为它们源于有意识的观察者，这些观察者在与对象的关系和态度方面存在着差异（颜色因视角的转变而变化；口味因人而异）。相比之下，物理性质是独立于心灵的（一个苹果要么有140克重，要么没有；要么是球体，要么不是球体）。

第一性：
- 球体
- 直径10厘米
- 重140克

第二性：
- 红色的
- 光滑的
- 有光泽的

不存在的物质

这种区分不仅与洛克的看法一致，还与笛卡尔等非经验主义者，以及伽利略和牛顿等科学家的看法一致。但贝克莱推理道：如果我们所有的知识都来自经验，那么我们有什么证据证明，所有这些性质背后都有一种物质"基质"呢？这难道不是一个无法证明的形而上学假设吗？难道某个对象的所有性质不都是"根据思维判断而产生"的吗？不仅大小是相对的，就连形状也取决于观察者的视角。事实上，我们真正能用证据证明的（笛卡尔会部分同意这一点）只有思维本身。那么，也许思维就是唯一存在的东西了。

上帝的作用

但是，如果不假设物质的存在，那到底是什么将一个对象的各种性质集中于一处，从而确保其他人可以在不同时间也能够体验到呢？贝克莱的答案是上帝。上帝将所有对象都作为观念存于其心灵中，从而确保了这些对象都拥有永久的感知可能性。

武士道

武士道（Bushidō）一直存在于日本武术的实践中，但它其实是从规范武士行为的道德法则中演变而来的。

- 姓名：山本常朝（Yamamoto Tsunetomo）
- 生卒年份：1659—1719年
- 国籍：日本
- 学派：武士道
- 主要著作：《叶隐》（Hakagure）
- 主要贡献：伦理学

武士法则

武士道吸收并融合了中国儒学、禅宗和日本本土神道教。因此，它将面对死亡的勇气和平静与严格的社会礼仪和道德义务法则相结合。武士最初来自贵族战士阶级，经常担任封建贵族的护卫，但后来逐渐失势。随着现代战争的兴起，武士的军事意义几乎完全消失，武士制度在1870年被正式废除了。

常朝

武士道可能起源于数世纪前根深蒂固的口述传统和社会传统，但其经典的编纂要归功于17世纪武士山本常朝的《叶隐》一书。该书是在和平时期写就的，当时武士的传统地位已经开始衰落，而常朝本人眼见自己没有任何军事行动的机会，于是成为一名僧侣。因此，《叶隐》在某种程度上可被视为一部怀古的作品，它歌颂了一种履行义务和自我牺牲的理想方式。在《叶隐》中，死亡是中心主题，并且必须被欣然接受，武士必须将纯洁性和目的性赋予死亡，以此来塑造生命，"光荣的死"比"可耻的生"更可取［通常的补救办法是切腹（seppuku或hara-kiri），即一种仪式性的自杀行为］。

侍

休谟之叉

与洛克和贝克莱一样,大卫·休谟(David Hume)也认为所有知识最终都来源于经验,但他从洛克和贝克莱的经验主义中推导出来的结论要更加激进,且更具怀疑主义色彩。

- 姓名:大卫·休谟
- 生卒年份:1711—1776年
- 国籍:英国(苏格兰)
- 学派:经验主义
- 主要著作:《人类理解研究》(*Enquiry Concerning Human Understanding*)、《人性论》(*Treatise of Human Nature*)、《自然宗教对话录》(*Dialogues Concerning Natural Religion*)
- 主要贡献:认识论、形而上学、伦理学、宗教哲学

事实

休谟认为,如果所有知识都来自经验,那么所有的命题就会分属以下两个类别之一:事实(Matters of Fact)或观念关系(Relations of Ideas)。首先让我们来研究第一类知识,所谓"事实"就是我们从经验中学到的东西,例如,弗雷德比爱丽丝高,戴夫的新车是绿色的,等等。我们无法通过逻辑学到这些事实,必须通过感性经验才能把握到它们。

形而上学的思辨

但是,使休谟的经验主义更加激进的是他从中得出的结论:如果某个命题不属于这两个类别中的任何一个,那么这一命题实际上就是毫无意义的。当然,这个结论波及了哲学图书馆中的大部分书籍,其中包括伦理学、宗教哲学和形而上学的书籍,而休谟很乐意看到这些大部头通通被付之一炬。这并不是说休谟对这些主题无话可说(正如我们将看到的那样),而是说他更热衷于将那些我们所能作出的逻辑命题和经验命题,与形而上学的空想(它们仅仅代表了存在于经验和逻辑之外的世界)区分开。

观念关系

相反,观念关系指的是那些我们不需要(通过事实来)验证的东西,因为仅凭逻辑我们就能判断这些命题的真伪。如果彼得比爱丽丝矮,弗雷德比爱丽丝高,那么我们无须事实的验证,就能知道弗雷德比彼得高,因为根据逻辑就可以推出这一结论。如果奈杰尔是单身汉,我们也不必验证他是否真的有妻子,因为单身汉的意思本来就是"未婚男子"。数学也是如此:无论我们对"2+2"的结果"验证"多少次,答案总是"4"(不过,我们在算数时也可能会出错)。

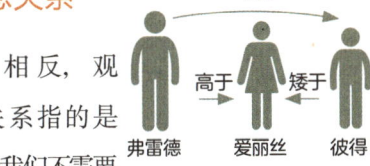

"是"与"应当"之间的鸿沟

休谟也把他的怀疑论经验主义运用到了伦理学，他认为理性并不能教我们分辨"对"与"错"，因为这些都是由激情所决定的。

休谟的断头台

正如休谟将判断划分为逻辑关系和经验关系那样，他在伦理学中也引入了一个较广泛的区分——通常被称为"休谟的断头台"（Hume's Guillotine）或"休谟定律"（Hume's Law）。在此，休谟引入了事实与价值的区分，并主张：在任何情况下，事实（"是什么"）都不能决定我们"应该"相应地去做什么。比如，吉姆偷了约翰的钱，而偷窃行为是错误的，因此，我们应该谴责吉姆。这个推理似乎是直截了当且合乎逻辑的。然而，休谟指出：单凭对情况的描述（吉姆的偷窃行为）其实并不足以决定结果（谴责）。

价值判断

在上述推理中存在着一个与"偷"这个词相关的"障眼法"，

"吉姆从约翰那里拿了某物"（事实判断）；"偷窃是错误的"（价值判断）

吉姆偷窃 ｜ 从约翰那里偷了某物

其实这里面已经包含了一个价值判断（Value-laden Judgement）。例如，如果我们用一个更中性的词"拿"来代替"偷"，那么我们就可以清楚看到这个"障眼法"是如何施展的："吉姆从约翰那里拿钱"是一个简单的事实判断（Statement of Fact），然后我们可能会针对这个"拿"的行为"到底是道德的，还是不道德的？""到底是合法的，还是非法的？"等问题进行辩论。然而，正是在这样进一步的辩论中，价值观才被引入其中；而且正是价值观对事实的依附，才决定了某行为的"对"与"错"。当然，如果我们以堕胎、安乐死，或吸毒等行为作为例子（这些行为的合法性目前依然存在争议），那么这会更加清楚。

道德情感

因此，休谟反对道德实在论（Moral Realism）（道德实在论者主张，存在着诸如道德事实此类的事物）。那么，这是否意味着我们可以随心所欲了呢？不完全是这样的，因为我们实际上是被休谟所说的"道德情感"（Moral Sentiments）所引导的。这些情感是我们对他人产生的情感反应，是基于我们共同人性的结果。比如，当看到一个孩子被殴打或遭受类似的残忍行为时，人们可能会产生相似的反应（愤怒或怜悯）。正是由于人类拥有这些共同的情感，共同的道德法则才得以形成。当然，这些法则在不同的文化和不同的历史时期中可能会略有不同（事实上，它们确有差别），但它们却使一种极为普遍的道德反应成为可能，而理性在其中只起着次要的作用。

归纳问题

尽管哲学家们早已认识到归纳论证比演绎论证更不具有确定性，但休谟认为这让我们必须为科学知识提供一个截然不同的解释。

原因和结果

太阳会升起，苹果会从树上落下，火会发热发光——人类的努力就是建立在"这种种情况将不会改变"的预期之上的。如果果农们不得不开始保护他们的作物，以免它们飘到天空中去，那么生活将会变得错综复杂、不可预测。

习惯

那么，事件之间难道就不存在必然的联系吗？自然法则有可能是随机的吗？休谟作出了否定的回答。正如人性填补了我们道德世界中"是"（What is）与"应当"（What ought to be）之间的鸿沟，休谟所说的"习惯"（Custom）也填补了原因与结果之间的鸿沟。我们期待"苹果会落下来"的这一事实，是由于我们曾目睹过（例如）"苹果掉落"总是跟随在"大风吹"之后。因此，正是这种事件之间的恒常联结，使我们的心灵能够识别出因果关系。

必然的联系

笛卡尔和莱布尼茨等理性主义者主张：这些事件之间存在着必然的联系，从而保证了它们的确定性。然而，作为一位经验主义者，休谟认为（至少从理性的角度来说）我们不能宣称自己拥有这种确定性。我们并不拥有能够解释苹果为什么会落下来的逻辑理由。从逻辑上讲，"能飞上天的苹果"这个概念亦是可能的，因为告诉我们苹果会往下落的不是逻辑，而是经验。我们无法阻止下一次会出现不同的经验。这就是所谓的"归纳问题"（the Problem of Induction）。

心灵的联想

我们到底是如何进行因果推理的？休谟似乎暗示了，这是心灵的一种天赋能力。正如我们能够在具有相似性的概念（例如，球和太阳）之间，或者在彼此接近的概念（当我们一想到"五"，就会想到"六"）之间本能地展开联想，我们的心灵也是以同样的方式来寻求因果关系的。也许心灵偶尔会犯错，但如果没有这种能力，就不会有科学。

目的论论证

宗教信徒经常援引自然界的错综复杂和井然有序来证明世界存在造物主,但休谟认为:即使果真如此,也不能告诉我们关于这位大自然设计师的任何事情。

理智的设计

我们不难对这异常复杂、美丽多样的大自然感到惊奇。因此,人们很容易对"大自然的背后存在着理智的设计"这种观念表示赞同。这被称为"上帝存在的目的论论证"(Teleological Argument for God's Existence)——这一术语来自希腊语"telos",它的意思就是"目的"。蜜蜂给花授粉,蚯蚓松土以帮助植物生长,每一种生物和有机体似乎都有其存在的理由,它们都在和谐的大自然中共同工作。

未知的原因

因此,如果说这一切都是偶然发生的,那几乎不可想象。对于这种复杂性是如何产生的,现代进化论提供了另一种解释,而休谟却选择对该理论予以质疑。休谟认为:既然我们对因果关系的认识来自经验(即对事件恒常联结的观察),那我们又如何能够获得任何关于创世的知识呢?

另一种原因

即使宇宙是被创造出来的,这也不能证明其设计师就是上帝。如果从大自然的残酷性来看,我们可能会很容易地假定:神是邪恶的、无能的,或不成熟的,就像蹒跚学步的娃娃那样。当然,我们无法将这个宇宙与其他宇宙进行比较(就像我们比较石头和装饰品那样),看看其中一个是否能表现出更多设计的迹象;因为我们都知道,这种复杂性有可能是自然而然地产生的。总之,虽然我们的心灵适合用来分辨自然界中的因果关系,但是它们并不适合去论证超验之物——例如,从结果(宇宙)出发,反推其原因(无论这个原因可能是什么)。

早期现代哲学

神迹

按照定义，神迹（Miracle）就是违反自然规律的事件，那么，鉴于此类事件实际发生的可能性微乎其微，休谟主张我们应该总是选择别的解释。

历史的控诉

我们对自然规律的认识源于经验和习惯，所以任何违反这些规律的事件都会遭到人类历史的控诉。如果有人说，他们看到一座雕像在哭泣，或者一位临终病人似乎经历了"神迹般"的康复过程，那么最有可能的解释总还是自然的解释：比如，教堂的屋顶上有一个洞，因此雕像只有在下雨的时候才会"哭泣"；也许医生之前对病人的病情预判得过于严重了。此外，由于我们似乎很难得到可靠的神迹报告，并且神迹见证者的证言往往因其出于轻信、迷信，或存有偏见，而不被采纳，所以神迹实际发生的概率似乎是微乎其微的。

神的干预

然而，对休谟上述立场的其中一种批评是：他对"可接受证据"（Acceptable Proof）的界定似乎彻底排除了找到此类证据的可能性。如果有足够可靠的证人能够为这一神迹事件作证，并且这种神迹出现的次数足够频繁，以至于我们可以排除其他干扰因素，那么我们所见证的这一事件就根本不是什么神迹，而是某种鲜为人知的另类自然规律了。然而，在传统意义上，神迹是罕见的"自然法则的中止"——不可能有所谓的神迹"法则"，因为它们代表了上帝的意志：上帝选择了在这个场合实施干预。因此，休谟的立场与其说是在驳斥神迹，不如说是在支持他的无神论。

065

浪漫主义

让-雅克·卢梭（Jean-Jacques Rousseau）是一位有巨大影响力的人物，他反驳了启蒙运动对于理性和社会进步的强调，进而奠定了浪漫主义（Romanticism）的基石。

- 姓名：让-雅克·卢梭
- 生卒年份：1712—1778年
- 国籍：瑞士（日内瓦）
- 学派：浪漫主义
- 主要著作：《社会契约论》（The Social Contract）、《爱弥儿》（Emile）、《忏悔录》（Confessions）
- 主要贡献：政治哲学

启蒙运动

培根、笛卡尔、洛克、休谟等思想家尽管在如何改进人类事务的问题上存在分歧，但他们大致上都同意这样一种观点：通过摒弃传统和权威，转而采用更为理性的原则和方法，就能在人类事务上有所进步。这种方法最具影响力的时期被称为"启蒙运动"时期，而瑞士哲学家卢梭经常被认为是该时期最重要的代表人物之一。然而，卢梭的思想在许多重要的方面均与启蒙思想背道而驰，因此他也被认为是浪漫主义的奠基者。

高贵的野蛮人

在卢梭的哲学中，这种看法被转化为一种观点：人自然地善，社会必然地恶。卢梭与霍布斯和洛克一样，也赞成一种社会契约论，但他反对霍布斯对人性的悲观看法，他认为使人性堕落的元凶是社会；在自然状态下，"原始的"（Primitive）人是一种善良的、富有同情心的生物——是"高贵的野蛮人"（a Noble Savage，人们通常用此术语来描述这种"理想的人"）。

浪漫主义

浪漫主义运动经常与诗歌、音乐和艺术联系在一起；与柯勒律治（Coleridge）、华兹华斯（Wordsworth）、贝多芬（Beethoven）、瓦格纳（Wagner）、康斯特布尔（Constable）、特纳（Turner）联系在一起。作为一种哲学，浪漫主义强调，情感比理性更重要，自然比"文明"社会更重要。

情感教育

卢梭也和休谟一样，强调情绪或情感在道德教育中的关键作用。在卢梭的哲学小说《爱弥儿》中，主人公提出了一种理想教育，其最后阶段就是培养正确的情感态度。理想的个体在身体和智力方面都得到发展后，还必须培养情感。

自由市场

亚当·斯密（Adam Smith）关于不受政府干预的自由市场信念成为古典自由主义的基石。

- 姓名：亚当·斯密
- 生卒年份：1723—1790年
- 国籍：英国（苏格兰）
- 学派：自由主义（Liberalism）（经验主义）
- 主要著作：《国富论》（The Wealth of Nations）、《道德情操论》（The Theory of Moral Sentiments）
- 主要贡献：政治哲学、伦理学

古典自由主义

古典自由主义（Classical Liberalism）强调公民自由，提倡民主（或某种社会契约论）以及自由市场经济。大多数自由主义者都支持将国家对政治、伦理和经济方面的干预降到最低，而这些方面被认为是互补的：言论自由、信仰自由与追求个人自身商业利益的自由是齐头并进的。这也最终孕育出了资本主义。

劳动分工

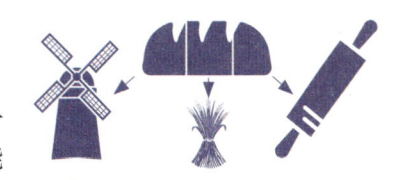

亚当·斯密认为，存在着若干能够促进经济财富增长的因素，但首要的是劳动分工。农民种小麦，然后磨坊主把小麦磨成面粉，再经面包师之手把面粉做成面包，这比一个人独自完成所有任务更有效率。随着劳动任务的进一步细分，我们可以获得更高的劳动效率；而这一链条中的各个生产商和服务供应商之间的竞争确保了成本被控制在最低的水平，同时也提高了生产力；此外，当劳动者将所得利润反过来用于消费时，财富就在社会中扩散开了。

看不见的手

亚当·斯密的主要贡献在于提出了以下观点：像这样的财富创造过程并不需要中央集权的控制，而是可以经由理性的自利这只"看不见的手"（Invisible Hand）来引导。政府最好不要干涉农民、磨坊主和面包师的劳动，让市场进行自我调节，因为竞争和对利润的渴望将使他们不至于定价过高。当然，只有在这些行业缴纳自身应缴的税款、将利润再投资于国内、不垄断市场、不操纵价格的情况下，这只"看不见的手"方能生效。

启蒙哲学家

作为启蒙运动中的关键人物，法国哲学家伏尔泰摒弃了传统的上帝观念，主张上帝是一个非人格化的宇宙创造者。

姓名：伏尔泰（原名弗朗索瓦-马利·阿鲁埃）（Francois-Marie Arouet）

生卒年份：1694—1778年

国籍：法国

学派：启蒙哲学家（Philosophes）

主要著作：《哲学通信》（*Philosophical Letters*）、《老实人》（*Candide*）

主要贡献：宗教哲学

自然神论

伏尔泰是一位著名的启蒙哲学家，或公共知识分子（Public Intellectual），他的思想影响了那些作为法国大革命基础的准则。伏尔泰热衷于对教会进行批判，他赞成一种后来被称为"自然神论"（deism）的教义。其他著名的自然神论者包括托马斯·杰斐逊（Thomas Jefferson）和托马斯·潘恩（Thomas Paine），并且自然神论还影响了共济会（Freemasonry）和上帝一位论（Unitarian）的信仰。

自然神学

自然神论的基本前提是：虽然自然神论者同意宇宙是由上帝创造的，但这个上帝并不是正统宗教所宣称的那种具有人格的神，其不能直接（或通过启示）与信徒对话。这个上帝是一种更为遥远、更为客观的力量，人类只有运用自己的理性才能间接地理解上帝。这种理解上帝的方法被称为"自然神学"（Natural Theology）。

老实人

我们可以通过观察大自然来理解上帝。这方面的一个例子是设计论证（对此，我们将在别处进行考察），这个论证追溯到了自然世界的创造者之手。然而，伏尔泰认为：我们应该拒绝从道德的角度来看待自然世界的事件。众所周知，他在小说《老实人》中讽刺了这一做法，矛头直指哲学家莱布尼茨——这位哲学家认为我们所生活的世界是所有可能的世界中最好的一个。但当我们面对战争、酷刑、饥荒、洪水、地震以及其他自然和人为的苦难时，或许绞尽脑汁都想不通这些事件的发生怎么可能是"最好的"（安排）。

后期现代哲学

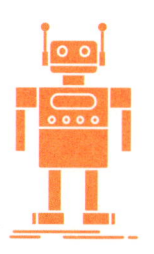

先验观念论

尽管伊曼努尔·康德赞同经验主义的观点——我们无法直接理解超验的世界，但他主张我们可以理解心灵本身是如何为知识设定界限的。

姓名：伊曼努尔·康德

生卒年份：1724—1804年

国籍：德国

学派：康德主义观念论（Kantian Idealism）

主要著作：《纯粹理性批判》（Critique of Pure Reason）、《未来形而上学导论》（Prolegomena to Any Future Metaphysics）、《道德形而上学奠基》（Groundwork of the Metaphysic of Morals）、《实践理性批判》（Critique of Practical Reason）、《判断力批判》（Critique of Judgment）

主要贡献：伦理学、形而上学、认识论、美学、宗教哲学

怀疑主义的问题

理性主义者（比如，莱布尼茨和笛卡尔）相信天赋观念或天赋原则的存在，这些观念或原则可以作为某些知识类型的保证。但休谟（以及其他哲学家）使康德相信：单靠理性或经验是无法发现这些观念的。那么，又有什么能保证感性经验的真理性呢？

现象与本体

康德提出了一种观念论：用他的话来说，我们只能认识感性经验的对象（现象），而无法认识超越这种经验、隐藏在经验背后的对象（本体）所构成的世界。因此，即使先验的实在（即本体世界）可能存在，这个世界也会永远对我们隐而不显。

知性范畴

然而，康德的洞察力体现在：他认识到我们仍然可以通过知性塑造经验的方式来了解世界的本质。我们都知道："每一个结果都有原因""空间和时间有一定的结构""物质存在"等；这是因为如果缺乏这种内置于我们心灵中的假设（知性的范畴），我们的经验将会是不可理解的。换句话说，这就像电视把电信号转换成图像那样，我们的大脑也把因果性、空间、时间、物质等观念强加在原始的经验材料上，以便能够理解它们。因此，时间和空间等观念并不是以自在之物的方式存在的，而是我们的知性所采取的形式。

义务论

根据义务论的道德方法，善行必须服从道德法则，而康德为这种方法提供了最好的例证。

善良意志

你的行为也许是出于怜悯，出于友谊，或者仅仅是因为它让你感觉良好，但是对于康德来说，做善事的唯一理由就是出于服从道德法则的义务。因此，只有这种动机（康德称之为"善的意志"）才使行为具有了道德性。

道德行为

友谊

怜悯

义务

定言命令

但是，我们如何得知何为道德法则呢？如果你想变得苗条，就必须进行某种形式的锻炼。这是一个假言命令（Hypothetical Imperative）——如果你想要变得苗条，就必须做某件事。相反，"不要偷窃"是一个定言命令：定言命令（Categorical Imperative）是你在任何情况下都必须去做的某件事，而不管你的个人倾向如何。

概念中的矛盾

一条原则要成为道德法则，它就必须是普遍的，而对这种普遍性的检验方法就是：如果不遵守该原则，是否会导致矛盾。矛盾会以两种方式来产生。比如，如果偷窃行为是被允许的，那么就没有财产权这种东西存在了——"我的"和"你的"这两个概念就会消失，因为在这种情况下，即使自己的东西被偷走了，也没有人能够抱怨。因此，将"偷窃是可以被允许的"这条原则普遍化，会导致概念中的矛盾（Contradiction in Conception，想法本身包含着的矛盾）。

意志中的矛盾

并不是每一种不道德的行为都是因概念中的矛盾而变得自相矛盾的。有些义务仅仅是康德所说的"不完全义务"（imperfect Duties）。例如，我们在生活中都需要得到帮助，所以我们应该去帮助他人，但"没有人应该互相帮助"这一信念从逻辑上看并不是自相矛盾的，因为这样一个社会是可以想象的。然而，如果我相信这条原则，那么这肯定会妨碍我实现一些目标，因此康德将其称为"意志中的矛盾"（Contradiction in Will，愿意去做某种违背我自身意图的事情）。

权利

康德的道德哲学也为人权提供了义务论的基础——一条被称为"人性公式"（Formula of Humanity）的原则。

人性公式

康德的定言命令也蕴含了这样一层意义：我们不应该把别人当作实现自身目的之手段，而应该把他们本身当作目的。这基本上意味着，你不应该去利用或胁迫他人，不应该去诱使他们做某事，或以其他方式阻止他们追求自己合法的生活目标。

手段与目的

如果我把明知道是伪造的画卖给别人，我就剥夺了他们被诚实对待和了解真相的权利。他们有合法的愿望去拥有一件真正精美的作品，但我却为了赚钱，骗他们买了一幅假画。因此，我将他们（他们自身的诚实和信赖他人的品质）当作手段，来实现我自己的目的（金钱）。

自然权利

康德的这种方法可能被用来作如下论证：一个人拥有了理性，才有人权；而其他哲学家则试图将人权建立在社会契约的观念上。例如，霍布斯和洛克相信：公民拥有财产、安全、自由等方面的"自然权利"（Natural Rights），这些权利是因其对国家服从所获得的回报，而国家在道德上有义务去保障这些权利。

功利主义

然而，功利主义（Utilitarianism）似乎就权利的概念提出了一个问题。边沁（Bentham）驳斥了自然权利的观念，认为只有通过法律惯例，权利才能被赋予，但需要经过功利的计算。在一个被称为"定时炸弹"（Ticking Time Bomb Scenario）的现代思想实验中——因迫在眉睫的爆炸袭击而去对一名可能知情的恐怖分子嫌疑人使用酷刑以获取情报，这可能侵犯了他们的人权（即他们有权不受"残忍和特殊的惩罚"），但他们可能对无辜生命造成的危害是否会超过这种酷刑给他们带来的伤害呢？就这一问题，边沁会给出肯定的答案。

崇高

从美学角度来看，一件美的艺术品可能会让人产生愉悦和欣赏之情，而一个崇高之物则可能会让人产生敬畏、恐惧，甚至恐怖之情。

愉悦

像柏拉图和亚里士多德这样的哲学家认为，美与愉悦相关；而后来的哲学家［如埃德蒙·伯克（Edmund Burke）、康德、叔本华（Schopenhauer）］则主张，某些审美经验体现出一种不同的范畴。这是由于：虽然我们可能会因为一幅画的细节精致、形式和谐、构图优美而对它的美大加赞赏，但山脉的壮丽和辽阔似乎超越了愉悦，进入了一种难以定义的境界中。

无限

这两种审美经验之间的差异被按照不同的方式进行了分析，但二者的关键区别似乎在于：崇高的事物会使我们不安。大峡谷或喜马拉雅山的风光在给我们带来愉悦的同时，也会使我们感到自身微不足道，甚至感到害怕。正如康德所言：我们被这个对象的无限性震慑住了，我们的心灵因它的广袤、悠久而感到震惊，同样的感觉也能在我们把渺小且短促的人类生命与浩瀚而无限的宇宙相比较时体会到。

努秘

崇高的概念也带有宗教的内涵。在《论神圣》（The Idea of the Holy）一书中，德国神学家鲁道夫·奥托（Rudolf Otto, 1869—1937）提出，神的某些神秘品质是属于"努秘"（Numinous）的——它们既可怕又迷人。这种矛盾也许能通过对"敬畏"（awe）概念的考察而更好地展现出来。如果一件事是"可怕的"（awful），从这个词的现代意义上讲，它就是坏的或使人恐惧的，但如果是一件"令人惊叹的"（awesome）事，则会使我们充满惊奇。当我们说："神的努秘品质（如力量和浩瀚）使我们充满敬畏"，意思就是说，我们既感到恐惧，又感到惊奇。

关于上帝存在的道德论证

道德论证试图以如下方式来证明上帝的存在：道德的存在必须以一个独立的道德之善的来源为前提。

良知

也许这个论证最简单的表达是：人类似乎拥有道德良知（Moral Conscience）。良知往往会提出与自我满足和其他形式的自利背道而驰的建议，所以我们可能会好奇，这种"内心的声音"（Inner Voice）到底是从何而来的？然而，这样一种"声音"未必来自上帝，因为正如弗洛伊德（Freud）在他的"超我"（Superego）概念中主张的那样，我们可能只是将社会中长辈、父母和老师的价值观和观点内化于心。

道德的善

这一方法的另一种表达是：除非道德标准有一个独立的来源，否则所有的道德价值实际上都只能是相对的价值。因此，要么上帝存在，要么没有道德。当然，只有在我们接受了某种"道德实在论"时，这种方法才适用。道德实在论假定，道德价值必须是不变的、客观的。然而，这种观点的反对者认为事实并非如此：只需粗略地调查就能看出，在不同的文化和不同的时代中，被认为是"善的"事物之间确实存在着显著的差异，这表明，道德至少在一定程度上是相对的。

应得的公正

康德提出的道德论证最为有趣。我们有资格认为道德会带来幸福——否则，我们为什么首先要有道德呢？然而，做正确的事情可能并不总是轻松愉快的，行道义之举的好人往往却没好报。那么，能够使道德行为合理化的唯一方法就是：这种明显的"不公"会在来世得到纠正，好人将会在来世有好报。

保守主义

现代保守主义（Modern Conservatism）的奠基人埃德蒙·伯克（Edmund Burke）认为：一个稳定、公正的社会需要人们尊重制度和传统价值观。

- 姓名：埃德蒙·伯克
- 生卒年份：1729—1797年
- 国籍：爱尔兰
- 学派：保守主义
- 主要著作：《为自然社会辩护》（A Vindication of Natural Society）、《论崇高与美》（On the Sublime and Beautiful）、《法国大革命反思录》（Reflections on the Revolution in France）
- 主要贡献：政治哲学、美学

老辉格

作为辉格党（Whig Party）的一员，伯克在许多方面支持自由派，其关注点包括：遏制皇权，保护天主教徒使其免遭迫害，以及在美国殖民者与英国的税务纠纷中支持前者（这最终引发了美国独立战争）。然而，1789年法国大革命期间发生的一系列事件分裂了辉格党，伯克和其他"老辉格"（Old Whigs）转而反对"新辉格"（New Whigs）——后者支持法国大革命的理性主义进步理想。

雅各宾主义

在《法国大革命反思录》一书中，伯克概述了他所发现的法国雅各宾主义问题（the Problems with French Jacobinism）——这场革命政治运动试图通过激进的自由主义理想来重塑法国。尽管雅各宾主义者借鉴了卢梭和伏尔泰的理性主义哲学，将政治自由建立在每个人对抽象权利之不可剥夺的占有上，但伯克认为这样的方法并不能保证社会的秩序。因此，早在恐怖统治（恐怖统治以处决、监禁和迫害的方式毁灭了巴黎社会）的最严重暴行出现之前，伯克就已经预先警告过：这种彻头彻尾的改革只会导致灾难。

偏见

与雅各宾主义相反，伯克认为：社会的权利和道德价值就保存在其制度与传统、宗教组织、贵族、法律与习俗、武装力量以及商业与制造业活动之中。因此，国家并不只是一套严肃的、被理性所规定的原则，而是几百年来人类智慧和实践的积累，这种积累在我们身上形成了伯克所说的那种"偏见"（Prejudice），即对善近乎本能的崇敬。

革命

英国出生的革命哲学家托马斯·潘恩（Thomas Paine）认为：如果一个国家政府的行为侵犯了其人民所具有的基本自然权利，那么这个国家的人民就有权推翻自己的政府。

- 姓名：托马斯·潘恩
- 生卒年份：1737—1809年
- 国籍：英国出生的美国人
- 学派：自由主义
- 主要著作：《常识》（Common Sense）、《人的权利》（Rights of Man）、《理性时代》（The Age of Reason）
- 主要贡献：政治哲学

煽动

在《人的权利》（1791年）一书中，潘恩捍卫了法国大革命的理想，反对了埃德蒙·伯克的保守主义攻击，这是基于他早期在《常识》（1776年）和其他著作中所阐述的思想，这些思想在美国独立过程中起到了关键的作用。为此，潘恩在缺席庭审（他当时身在法国）的情况下受到审讯，并最终被判犯有煽动性诽谤罪，这使得他再也不能回到英国。

常识

潘恩的主要攻击目标是世袭君主制和世袭特权，他认为这助长了腐败、不平等和暴政。相反，他设想出一个民主共和国，其宪法保护每个人原有的自然人权；在这个国家中，选举权是普遍的，不以财产所有权为基础；并且这个国家承认，每个人天生就具有感知真理的能力（即他们的常识），所以不需要君王或牧师的指引。因此，人们经常将潘恩描述为一位（像伏尔泰那样的）自然神论者：他信仰一位至高无上的造物神，这个神不像基督教的上帝，不通过启示或干预人类事务的方式来与人沟通。

改革

然而，尽管潘恩推进了英国敌国的事业（甚至有人说他曾与拿破仑讨论过入侵英国的方案），但他最关心的仍然是其祖国的改革。潘恩在《人的权利》中所提出的改革建议包括：废除世袭头衔、制定美国式的宪法、根据收入水平和支付能力实行累进征税制，以及推行各种社会和教育方案。

功利主义

杰里米·边沁并没有按照传统的方式来探讨道德问题，他用自然语言重新定义了有关"善""恶"的抽象概念，其中包括"最多数人的最大幸福"。

姓名：杰里米·边沁

生卒年份：1748—1832年

国籍：英国

学派：功利主义

主要著作：《道德与立法原理导论》（Introduction to the Principles of Morals and Legislation）、《惩罚原理》（The Rationale of Punishment）

主要贡献：伦理学、政治哲学

功利原则

柏拉图认为善行体现了"善"（the Good）的纯粹理念，康德认为善行是理性的义务，而边沁则把"善"与快乐等量齐观，并且将"正确"（Right）的行为定义为拥有最大效用（有用性）的行为——这些行为在带来最多快乐的同时，也产生最少痛苦。

对幸福的量化

然而，如果我们根据行为的后果来判断行为的道德与否，那么这样的计算可能会非常复杂。为了帮助人们作出这样的判断，边沁发展出了一套被他称为"幸福计算法"（Felicific Calculus）的程序，这套程序列出了一系列用于判断所有可能行为的标准。边沁试图通过这样的方式来量化"幸福"（Happiness），从而使道德难题变得简单。

罪与罚

例如，边沁反对死刑，他认为所有的惩罚都具有三个目的：保护社会、改造罪犯、震慑潜在的不法分子。然而，我们有比处死罪犯更有效的方法来实现这些目的，因此，罪犯的死亡之痛、家人的悲伤之痛、改过自新的罪犯可能带来的好处之损失等坏处是否真的能被其死亡带来的好处所抵消，这是值得商榷的。那么，单纯从死刑的后果来判断，这种刑罚就应该被废除。

幸福计算法

强度（Intensity）：这种快乐有多强烈？

持续性（Duration）：这种快乐将持续多久？

确定性（Likelihood）：你有多确定能获得这种快乐？

时间上的邻近度（Remoteness）：这种快乐会很快到来吗？

频率（Frequency）：这种快乐多久会出现一次？

纯度（Purity）：这种快乐体验有多纯粹？

广度（Scope）：有多少人能感受到这种快乐？

动物权利

边沁之前的哲学家均未能认识到动物的道德地位,但功利主义开创了一个全新的视角,把人类和其他生物放在同一个层面上来看待。

道德主体

众所周知,笛卡尔曾公然提出"动物的痛苦"可以忽略不计,并认为这种痛苦不过是生物机器的无意识行为。就连康德也认为:我们只有间接的义务去避免不必要地伤害动物,因为这种行为反映的其实是我们自身的恶——虐待动物的行为树立了恶的榜样,并滋生了道德恶习。

奴隶制

相反,如果用自然语言来规定道德,"我们对待动物的方式是否合乎道德"的问题就可以归结为"我们的行为是否给动物造成了痛苦"。边沁发现,虐待动物的主要理由是基于一种普遍的假设,即:动物没有理性,并且无法与人交谈。但是,边沁认为,如果这就是被视为道德主体的基本理由的话,那么很多人(比如,婴儿以及具有某种智力障碍的成年人)都没有资格被视为道德主体。事实上,边沁在这一假设中看到了对于非白人文化施行奴隶制和种族主义剥削的所谓"正当理由"。因此,边沁认为,相较于理性和语言,感知(感受痛苦或快乐的能力)才是最重要的。

权利

这就是说,边沁认为动物没有真正意义上的"权利"(Rights)——但就此而言,人类也没有。唯一的问题是痛苦。鉴于动物(可以说)不知道自己会死,那么只要它活着时感到快乐,或者它的痛苦远不及社会总体因之获得的好处,它就可以被当作食物或被用于医学研究。

女性权利

纵观大部分的历史及文化,女性都一直扮演着次于男性的角色,这种情况在相对较近的时期才开始改变。

第一波女性主义

女性主义的历史通常被分为三波"浪潮"(Waves),其中第一波女性主义浪潮(或自由女性主义)聚焦于为女性争取那些当时被剥夺了的基本权利——比如,财产所有权、投票权,甚至是从事某些职业的机会。这一过程无法一蹴而就,因此在一些国家中它一直持续至今。

革命

有鉴于此,哲学家、小说家、革命者玛丽·沃斯通克拉夫特远远领先于这波浪潮,她的《女权辩护》一书为此后性别平等的发展奠定了基础。尽管沃斯通克拉夫特受到推动了法国大革命的共和理想的鼓舞(她甚至亲自到法国援助革命斗争),但她仍然看到了,这种自由和平等并不总是惠及女性的。

姓名:玛丽·沃斯通克拉夫特(Mary Wollstonecraft)
生卒年份:1759—1797年
国籍:英国
学派:启蒙哲学
主要著作:《女权辩护》(A Vindication of the Rights of Woman)
主要贡献:政治哲学、伦理学

- 第一波女性主义浪潮[或自由女性主义(Liberal Feminism)]——19世纪/20世纪初——财产权、投票权和其他合法权利;

- 第二波女性主义浪潮[或激进女性主义(Radical Feminism)]——20世纪60/70年代——同工同酬、生育权、职业机会;

- 第三波女性主义浪潮——20世纪90年代以后——质疑"双重性别与性取向"(Binary Sex and Sexuality)、"种族"(Race)、"社会性别与女性气质"(Gender and Womanhood)等观念。

教育

《女权辩护》的主要攻击对象是法国哲学家卢梭。卢梭的《爱弥儿》描绘了一套为爱弥儿(该书名义上的主人公)设计的理想教育课程,旨在培养他的理性和情感,但同时却拒绝让爱弥儿未来的妻子索菲(Sophie)接受同一套课程。在卢梭看来,女性教育的主要目的是使她们有能力成为男性的合格伴侣(以及能够履行与之相关的家庭责任)。但是,沃斯通克拉夫特对这种性别主义偏见提出了异议:她认为我们都是按照上帝的形象被创造出来的,如果能够接受同等的教育、拥有同等的机会,我们就有理由相信,女性与男性应该是平等的,或者,女性与男性可以是平等的。

辩证法

黑格尔认为：人类社会并不是按照一条上升的直线来发展的，而是通过对立的价值和观念，朝着终极目标，按照一种渐进的曲折路线前进的。

- **姓名**：格奥尔格·威廉·弗里德里希·黑格尔（George Wilhelm Friedrich Hegel）
- **生卒年份**：1770—1831年
- **国籍**：德国
- **学派**：德国观念论（German Idealism）
- **主要著作**：《精神现象学》（The Phenomenology of Spirit）、《逻辑学》（The Science of Logic）、《历史哲学》（The Philosophy of History）
- **主要贡献**：形而上学、认识论、政治哲学、逻辑学

哲学的对立

辩证法（Dialectic）是一种哲学论证的形式，其中包含着相互对立的立场：正题（Thesis）及其反题（Antithesis）。一旦这个论证达到了更深的理解层次，就会产生出一个新的立场，即第三种立场：合题（Synthesis）。

正题：甜食对你有害　　反题：甜食对你有益　　合题：可以适度吃甜食

历史进程

正题：自律的社会　　反题：自由的社会　　合题：适度的社会

黑格尔用这种论证形式来表明：历史的每一个阶段都在试图平衡前一个阶段中的各种极端，因为每一极端都包含着真理的要素。如果一个社会过于严格和自律，那么它的下一代人就会起身反叛，进而创造出一个以自由和快乐为中心的享乐社会，而第三代人对这种毫无意义、既无节制又无根基的自由感到厌倦，因此他们会调整自己的行为使之适度，并恢复到先前的传统之中（当然，这些传统已被他们改造得更为温和）。

政治演化

尽管黑格尔的历史哲学带有宗教内涵，但这种"不可避免的进步"（Inevitable Progress）和"自我实现"（Self-realization）的观念也启发了无神论者和世俗哲学家。

绝对精神

对黑格尔来说，这个历史辩证的过程会导向一个终极目的。随着那推动着历史的人类精神的演变，这种精神用来表达自身的各种对立面变得愈发精细和包容，最终，这一切将统一在一个单一的、几近神秘的自我意识［这个自我意识被黑格尔称为"绝对精神"（the Absolute）］时刻之中。

悲观主义

亚瑟·叔本华（Arthur Schopenhauer）认为：大自然表达了一种与人类理性完全不符的盲目意志，即一种使存在成为痛苦之持续来源的冲突。

- 姓名：亚瑟·叔本华
- 生卒年份：1788—1860年
- 国籍：德国
- 学派：先验观念论（Transcendental Idealism）/悲观主义（Pessimism）
- 主要著作：《作为意志和表象的世界》（*The World as Will and Representation*）
- 主要贡献：伦理学、形而上学、美学

意志与表象

叔本华借鉴了康德的做法，将实在区分为意志（Will）和表象（Representation）。但是，尽管叔本华同意康德的观点，即感知（表象）是一种笼罩在世界之上的精神面纱，但他认为康德所谓的"自在之物"（the Thing-in-itself）——我们永远无法直接感知到的那个表象背后的实在——其实能在我们内心之中感受到，而这要借助在本能和欲望（意志）中表达自身的自然力量。因此，在某种意义上，我们的动机就是对那无法被感知之实在的表达。

隐藏的影响

在叔本华看来，上帝并不存在，大自然对人类的关切也漠不关心。正是出于这个原因，人们才称其为哲学悲观主义者。意志不关心人类，也不关心我们试图强加于事物之上的理性秩序和道德价值，而是着眼于自身的自然目的。因此，正如达尔文和弗洛伊德后来所论证的那样，通常无意识的动物性本能会永远地影响和破坏我们有意识的目的。这正是一切痛苦的根源。

禁欲主义

那么，如何能够消除这种痛苦呢？社会进步是徒劳的，因为人类将永远被意志所驱动。叔本华认为，就佛教（他对佛教表示赞同）而言，唯一的解决办法就是抛弃欲望，并试图遁入一个纯粹的、禁欲主义的沉思世界之中，在那里我们可能会丧失自我意识，以及随之而来的所有欲望、痛苦和快乐。

人本主义

费尔巴哈（Ludwig Andreas Feuerbach）认为：宗教满足了人的需要，而上帝从根本上看是人之本质的投射。

- **姓名**：路德维希·安德列斯·费尔巴哈
- **生卒年份**：1804—1872 年
- **国籍**：德国
- **学派**：人本主义
- **主要著作**：《基督教的本质》（The Essence of Christianity）
- **主要贡献**：宗教哲学

人本主义

尽管费尔巴哈并不是对宗教毫不同情[他否认自己是当时公认的那种"无神论者"（Atheist）]，但他试图将上帝的概念放到人类中来理解，并反对采用神学或神秘的术语。因此，费尔巴哈的方法在一定程度上是人本主义的，并且他关于"上帝是人的投射"的观点也影响了马克思、弗洛伊德和尼采（Nietzsche）等思想家。

投射

由于我们无法理解一个无限的存在，因此我们必然会把我们人类自己的价值投射到它身上，但这种价值是被大幅放大了的价值。上帝是无所不知的（全知），是人类理智的扩展；是无所不能的（全能），是人类力量的放大。而上帝的怜悯之心也不过是扩大了的人类之爱。

宗教语言

费尔巴哈的宗教投射概念实际上源于一场古老的神学辩论，即我们是否真的可以有意义地谈论上帝。

"肯定的方式"
"否定的方式"

肯定与否定

肯定神学的支持者认为：在神性和人性之间存在着某种联系——在智慧、力量等方面，上帝与人类存在着某种联系。但是那些反对这一点的人提倡用一种否定的方式（否定神学）来谈论上帝，他们认为：上帝与我们如此地不同，因此，我们只能用"上帝不是什么"来谈论神。费尔巴哈利用了这一局限性来暗示：不仅肯定的方式是错误的，而且上帝（按照传统的设想）也仅仅是人类本质的投射。但从这里可以看出，这场争论不必是信仰与无神论之争，而可以看作是一场关于宗教语言之本质的争论。

~~小的~~　　~~残忍的~~　　~~弱的~~　　~~不宽容的~~

伦理利己主义

马克思用黑格尔的哲学论证了，社会必须朝着集体义务的方向发展；而麦克斯·施蒂纳（Max Stirner）则认为，人唯一的义务就是对自己的义务。

姓名：麦克斯·施蒂纳
生卒年份：1806—1856年
国籍：德国
学派：利己主义（Egoism）/个人无政府主义（Individualist Anarchism）
主要著作：《自我和本我》（*The Ego and Its Own*）
主要贡献：伦理学

个人主义

施蒂纳是一位有趣的人物。人们经常称他为"无政府主义者"（Anarchist），但与克鲁泡特金（Kropotkin）或巴枯宁（Bakunin）不同的是：施蒂纳拒绝任何形式的社会组织。在其他方面，施蒂纳可算是存在主义的先驱者，他认为我们必须真实地对待自己。为了做到这一点，施蒂纳主张：我们必须从外部强加给我们的错误观念和意识形态中收回我们的忠诚——无论是对宗教、对政治，还是对哲学的忠诚。因此，我们也许最好视他为"个人主义者"（Individualist）。

自愿的利己主义

施蒂纳主张：那些认为自己的行为是出于"利他主义"（Altruism）或"善"[非自愿的利己主义者（Involuntary Egoists）]的人实际上愚弄了自己，因为我们其实都是被驱使着去追逐自己私利的。因此，我们必须接受这一事实[成为自愿的利己主义者（Voluntary Egoists）]。在这条建议中，施蒂纳将自己与弗洛伊德那样的心理利己主义者（Psychological Egoists）区分开来，心理利己主义者认为我们应该抵制、升华并超越自己的私利动机；他转而与尼采等伦理利己主义者（Ethical Egoists）结盟，伦理利己主义者认为遵循我们的权力意志实际上就会带领我们走上幸福和满足的大道。

财产与所有权

施蒂纳认为，自我没有本质或特征，并且也不存在可以作为伦理或公共标准之基础的天赋"理性"（Rationality）。那么，财产和权利如何能得到保障呢？从伦理和法律的角度来看，它们得不到保障。那些东西只属于你，唯有凭借你自身的能力才能获得并留存它们。施蒂纳提出：可能存在利己主义者自愿组成的松散联系，但这样的"社会"有可能是相当残酷的，因此它不太可能维持下去。

一看就懂的哲学

规则功利主义

尽管约翰·斯图尔特·穆勒基本同意边沁功利主义背后的原则，但他认为：单纯用快乐作为道德的衡量标准实在是过于粗糙，我们不能将快乐与善直接等同起来。

姓名：约翰·斯图尔特·穆勒
生卒年份：1806—1873年
国籍：英国

学派：功利主义
主要著作：《论自由》（*On Liberty*）、《功利主义》（*Utilitarianism*）、《论代议制政府》（*On Representative Government*）
主要贡献：伦理学、政治哲学

快乐的性质

边沁认为，快乐在性质方面不存在区别。一个令人愉快的行为可能伴随着痛苦或其他不愉快的后果，但无论我们讨论的是哪一种行为，其所涉及的快乐总是同一种快乐。无论是诗歌还是酒吧游戏（其中的快乐都是同一种快乐），能够区分不同行为的只有如下问题：这个行为到底产生了多少快乐（或痛苦）？

苏格拉底与猪

然而，穆勒认为上述观点是错误的：他宁可做不快乐的人，也不愿做快乐的动物；宁可做不满的苏格拉底，也不愿做一头满足的猪。快乐的性质并不是无关紧要的，被种种永恒问题所困扰的理智人生会胜过纯粹享乐主义的、浑浑噩噩的人生。

行为功利主义

穆勒除了反对边沁的快乐同质说以外，还指出后者的功利主义只局限于单一行为。但是，某种个别的行为所能带来的快乐可能会随着因素的改变而有所波动。而且，撇开边沁的"幸福计算法"不谈，个别行为所带来的快乐本身也是某种难以量化的东西。但最重要的是，根据行为功利主义，那些传统上被视作不道德的行为似乎也可以是正当的：如果在某种情况下，将一个无辜的人当作替罪羊，这种做法能让法官、陪审团和新闻界都高兴（因为他们不必再疲于寻找那个罪犯了），那么该行为就应该被鼓励吗？穆勒反对这种行为功利主义，反之，他提出，我们应该遵循行为的规则，一般来说，这样做会产生最佳的结果。总而言之，如果司法系统持续腐败，就不能使整个社会受益。

伤害原则

穆勒是一位自由主义哲学家，他认为社会应该只去规制那些伤害他人或限制他人自由的行为。

多数人的暴政

功利主义和一般而言的民主都有一个问题，即可能存在着穆勒所谓的"多数人的暴政"（the Tyranny of the Majority）。因为，即使是一个治理有方的社会，也只能反映其大多数成员的价值观和思想，而少数派则很容易被边缘化或遭到迫害。

自我关涉的行为

因此，穆勒主张社会的法律应该只去规制那些影响他人的行为，以保障个人的自由。如果我偷了你的东西，就侵犯了你的合法所有权；如果我用暴力威胁你，就侵犯了你的人身安全。所以，此时社会应该介入，以制止这种伤害。但对于除此之外的其他所有行为［穆勒称之为"自我关涉的行为"（Self-regarding Actions）］，社会都不应该干涉。我可以对你的音乐品味或不健康的饮食习惯表示不满，但我无权强迫你放弃这些行为。

言论自由

因此，穆勒的伤害原则（Principle of Harm）就是个人行为和公共立法的黄金律（Golden Rule）。这条黄金律也对"什么能说""什么不能说"作了限制。在大多数情况下，穆勒是反对审查制度的，他认为，对观点实施打压实际上就等同于剥夺了从少数人那里获得正确观点的机会，这些观点本可以纠正多数人的错误观点（例如，"给予妇女投票权"和"废除奴隶制"曾经都是少数人的观点）。审查制度还使得持不同政见者不敢发声，而公开讨论这些观点本可以补偏救弊——这对所有人都是有利的。只有当言语转化为一种煽动时（即当人们用言语来激发伤害他人身体的行为时，比如号召某人去攻击他人的时候），才需要被限制。

民主

穆勒认为，现代民主政治必须采取代议制政府的形式，应当扩大投票权，以便所有有文化的成年人都可以投票。

理想的民主

尽管古代雅典在其他方面（对奴隶的奴役、对妇女和移民的态度）未能达到民主的理想，但人们仍时常缅怀其昔日辉煌，并认为：雅典之后，再无"真正的"民主。这是因为众多雅典人在政治事务方面享有直接的发言权，而这是采取代议制民主的现代国家所不能及的，当然，后者亦有其合乎逻辑的理由。

民主参与

穆勒接受了这种观点，认为代议制民主（Representative Democracy）是最好的政府形式，优于温和的专制。不过，穆勒也认为，现代民主国家在其他方面还没有达到民主的理想。19世纪下半叶，大多数民主国家仍然将妇女和穷人排除在选举之外。但是，穆勒认为，投票权与财富毫不相干，两性之间，或一般人之间在智力和道德方面的差异主要源于教养。然而，通过扩大选民的参与度并提升他们的受教育水平，我们可以鼓励人们在拥有发言权的事情上发挥更大的作用，成为更完全的公民；基于功利主义的理由，此举只会让社会变得更加幸福。

意见

但穆勒也意识到了扩大投票权的风险。人们对道德和政治的了解主要来自意见和经验，所以，让他们学会分析问题就显得至关重要。因此，除了教育选民外，我们还要注意保护专家的意见，以防止多数派暴政的发生（我们曾在上文讨论过）。因此，穆勒建议，受教育程度更高的人应该获得更多的选票份额，而一个理想的议会应该由两院组成，其中，由精英知识分子组成的参议院将对众议院的运作进行监督。

进化论

进化论（the Theory of Evolution）的重要性主要体现在科学上，但该理论在哲学上亦颇有建树。

- 姓名：查尔斯·达尔文（Charles Darwin）
- 生卒年份：1809—1882年
- 国籍：英国
- 学派：进化生物学（Evolutionary Biology）
- 主要著作：《贝格尔号航海志》(The Voyage of the Beagle)、《物种起源》(The Origin of Species)、《人类的由来》(The Descent of Man)
- 主要贡献：形而上学

人与动物

现在每当我们谈起自然选择进化论，往往会将其与查尔斯·达尔文单独联系在一起，但其实该理论是由同为博物学家的阿尔弗雷德·罗素·华莱士（Alfred Russel Wallace，1823—1913）与达尔文共同提出的。在地球生命起源和发展的问题上，进化论提供了另一种解答，这种解答有别于超自然的解释。进化论主张：人类既不是上帝指定的世界统治者，也不具有独具一格的智力或道德能力；我们与动物没有本质上的区别，人类本身就是从动物进化而来的。

自然选择

进化是由自然选择（Natural Selection）所推动的。正如现代遗传学所揭示的那样，有机体通过基因，将其自然性状传递给后代。比如，高个子的父母往往会生出高个子的孩子。但是，有时候父母的脱氧核糖核酸（DNA）仍然携带着矮个子祖先的"矮个基因"（隐性基因），并能够将其遗传给孩子。此外，大自然偶尔会在基因复制过程中出错，使基因发生突变，最终导致意想不到的变异。那么，有机体自身所处的环境就有助于推进自然的选择——那些存活下来的有机体会繁衍生息，并将它们的基因代代相传。历经千年的漫漫征程，这个相对简单的自然选择过程衍生出了地球上的无数物种。

社会达尔文主义

从哲学角度看，进化论颇为有趣，因为这种理论否认自然是目的论的（即自然本身没有目的）——主宰地球的物种本可能从蜥蜴或海豚进化而来。但进化论亦有其伦理后果：如果有人争辩说，人类的进化依靠的是力量和支配权，因此强者和"适者"的生存就是以牺牲弱者为代价的，那么，难道道德和社会不应该对此有所反映吗？（呃……绝不！）

恐惧

索伦·克尔凯郭尔（Søren Kierkegaard）认为，人类为自由付出的代价是一种根深蒂固的恐惧，即对于如何利用这种自由的恐惧。

- 姓名：索伦·克尔凯郭尔
- 生卒年份：1813—1855年
- 国籍：丹麦
- 学派：存在主义（Existentialism）
- 主要著作：《恐惧的概念》（The Concept of Anxiety）、《非此即彼》（Either/Or）、《恐惧与战栗》（Fear and Trembling）、《致死的疾病》（The Sickness Unto Death）
- 主要贡献：伦理学、宗教哲学

生存恐惧

恐惧[angst，有时也作"焦虑"（anxiety）]，不是指直面危险（如迎面而来的汽车，或正朝你扑来的野熊）时产生的特定恐惧，也不是指一些较低程度的忧虑（如应付房租，或去看牙医），而是一种更普遍化的感觉。这种感觉也许会在特定的情景下显现出来，但它是因人的存在而产生的——因此它有时候也被称为"生存恐惧"（Existential Dread）。

自毁欲

当你站在高楼楼顶时，会想象到自己纵身而下的情景；当你开车时，会想象到车撞到墙上的惨状。克尔凯郭尔认为，这种阴暗的想法并不鲜见，但这并非由于我们有某种自我毁灭的冲动[或自毁欲（Self-destructive Urge）]，而是由于我们有自由：只要我们愿意，就可以做任何事情，而这正是让我们所害怕的。这种感觉虽不强烈，却持续不断，一直潜藏在我们所有的决定中；尽管我们经常想借由"找乐子"和"开小差"的方式来逃避、掩盖这种感觉，但它最终还是会以别的方式再次出现，实在是无处可逃。

信仰

那么，出路在哪里呢？克尔凯郭尔认为，在于信仰。我们要像一个被抛在波涛汹涌的海面上的水手那样，抬头仰望星空；换言之，我们必须把注意力集中在不变的事物上，集中在上帝惠赐予我们的永恒价值和确信上。

公民的不服从

亨利·大卫·梭罗（Henry David Thoreau）认为：公民的义务不是对法律的义务，而是对自身良知的义务；当二者发生冲突时，我们只能选择遵循良知，违反法律。

- 姓名：亨利·大卫·梭罗
- 生卒年份：1817—1862年
- 国籍：美国
- 学派：超验主义（Transcendentalism）
- 主要著作：《论公民的不服从》（Civil Disobedience）、《瓦尔登湖》（Walden）
- 主要贡献：伦理学、政治哲学

超验主义

梭罗深受超验主义的影响，这场哲学运动通常与拉尔夫·瓦尔多·爱默生（Ralph Waldo Emerson，1803—1882）等人联系在一起，它宣扬一种道德和精神层面的独立。梭罗正是在这种独立精神的感召下，开展了一项为期两年的试验，在马萨诸塞州康科德瓦尔登湖（Walden Pond）附近的一所偏僻小木屋里过着与世隔绝的简朴生活（这一经历在《瓦尔登湖》一书中有详细介绍）。

税收

在此期间，梭罗拒绝补缴税款，因为他反对美国对墨西哥发动的战争，以及政府对奴隶制的倡导，此举最终使他锒铛入狱。尽管梭罗只在牢里待了一天（因为他的一位姨母替他补缴了那笔税款，不过他本人并没有主动向其开口请求），但从这件事可以看出他对权威的态度：不管后果如何，我们都应该凭自己的良知行事。假如一项法律是不公正的，投票也改变不了它，因为这个制度的建立本来就是为了延缓或阻碍法律的改革——即便是最初版的美国宪法，似乎也允许奴隶制的存在。

有限政府

然而，梭罗是一位复杂的人物，他的个人主义对于自由主义者和无政府主义者而言，均具有吸引力。他认为，没有一个政府是完全合理的，"最好的政府是一事不管的政府"。但是，梭罗并不反对用于重要公共服务方面的征税，只是反对那些用于支持政府的腐败政治议程方面的征税。虽然梭罗平和地面对自己违法的后果，但他并不是一个和平主义者——这可以从他为废奴主义者约翰·布朗（John Brown，1800—1859）正名的文章中看出来（约翰·布朗因企图发动奴隶起义而被处决）。此外，梭罗也满腔热情地倡导环保主义，这似乎意味着他可能会支持现今的反物种灭绝革命运动——为了地球的未来，与那些甘冒牢狱监禁之险的人携手抗议。

异化

马克思认为：在资本主义社会中，个人永远不可能获得幸福或满足，因为剥削和不平等是这种制度本身所固有的。

- **姓名**：卡尔·马克思
- **生卒年份**：1818—1883年
- **国籍**：德国
- **学派**：马克思主义（Marxism）
- **主要著作**：《资本论》（Capital）、《德意志意识形态》（The German Ideology）、《共产党宣言》（The Communist Manifesto）
- **主要贡献**：政治哲学

劳动价值论

马克思借鉴以往经济学家的理论著作，在此基础上发展出了劳动价值论。商品的价值反映了生产商品所耗费的时间和劳动量。如果生产一个橱柜花了一个木匠两周的时间，那么这就应该反映在它的价值上。

劳动分工

然而，随着自动化和工厂生产制度的发展，资本家纷纷降低了生产成本和生产时间。通过劳动分工，生产过程可以被分解为若干简单的任务，如此一来，由一群低技能（和低薪资）劳动者组成的生产线就可以比单个熟手技工在短得多的时间内组装出同样多的商品。这样组织起来的劳动力能生产出种类繁多的商品，但其中的单个劳动者实际上并不具备制造这些商品的专业技能。

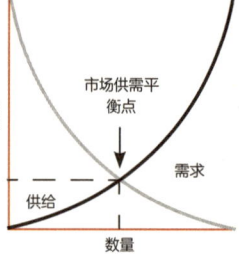

供需

但是，资本主义是从供需的角度来看待价值的。木匠花了多长时间去做一个橱柜并不重要，重要的是对商品的需求量有多大。如果橱柜供货充足，则价格下降；供货短缺，则价格上升。因此，资本主义者主张，应该由市场来决定商品的价格，而不应考虑商品所涉及的劳动量。

剩余价值

劳动分工创造了剩余价值（Surplus Value）。资本家按小时向工人支付工资（而不是按完成的任务支付），再加上自动化所节省的劳动时间，这让他们实现了更高的产量和更大的利润。因此，工人们不再以耕种或捕鱼为生，而是将自己的劳动产品让渡给资本家，作为回报，资本家支付其工资，来生产那些对他们自己来说并不需要的东西，但这却可以让资本家变得越来越富裕。

上层建筑

马克思的一个重要见解是：资本主义不仅塑造了资本家与工人之间的关系，还塑造了整个文化与社会。

文化强化

马克思把社会分为两部分：经济基础[或下层建筑（substructure）]与上层建筑（superstructure）。"经济基础"是指资本家和工人之间的经济关系，而上层建筑则是指文化生产和社会关系，比如：艺术与文学、宗教与政治、家庭生活、教育、媒体，等等。然而，一方面，资本主义决定了社会文化所表达的价值观，另一方面，这些文化产品也会反过来强化那些将其生产出来的经济关系。总之，经济基础与上层建筑的关系是辩证的。

文化产品和社会力量表达和强化了经济关系。

上层建筑

经济基础

工人（无产阶级）与工厂主（资产阶级）之间的经济关系。

革命

资本主义要发展，就必须建立一个由有产者和无产者所组成的制度：前者构成了资产阶级（拥有工厂、劳动场所等生产资料的资本家），后者构成了无产阶级（出卖劳动并被剥削的工人）。只有改变这种剥削与被剥削的关系，即通过革命，推翻资本主义社会所要求的制度和社会关系，才能建立真正公正的共产主义社会。

上层建筑

经济基础

人民的鸦片

马克思的著名论断：宗教是人民的"鸦片"，就最能说明这一点。他的意思是，宗教强化了这样一种观念，即：我们在社会中都有自己应有的地位，它安慰工人说，他们必须在今生受苦，才能来世享福；它还麻痹工人，以免社会秩序以及资本主义制度中的不平等遭到质疑。当然，教育制度、报纸、甚至戏剧和小说等其他事物也同样具有这种强化作用，这些事物均体现了旧社会的价值观。

实用主义

查尔斯·桑德斯·皮尔士（Charles Sanders Peirce）认为：哲学思想不应被束缚在晦涩的形而上学争论中，而应以其实际效果来衡量。

- **姓名**：查尔斯·桑德斯·皮尔士
- **生卒年份**：1839—1914年
- **国籍**：美国
- **学派**：实用主义（Pragmatism）
- **主要著作**：《信念的确定》（The Fixation of Ideas）、《如何使我们的观念清楚明白》（How to Make Our Ideas Clear）、《什么是实用主义》（What Pragmatism is）
- **主要贡献**：认识论、形而上学、逻辑学

实用主义准则

威廉·詹姆斯（William James）和约翰·杜威（John Dewey, 1859—1952）也是实用主义的倡导者，这种哲学方法被用来实现皮尔士所说的对于理论概念的"清晰理解"（Clearness of Apprehension）。相信一个观念会产生什么实际效果呢？如果没有的话，那么无论你的观念正确与否，相信它似乎都没有任何实际意义。

教育

约翰·杜威在其教育学著作中明确地运用了这一方法。他主张，所谓教育就是要给予人们适用性更广的智力工具，以便每个人都能应对世界，并在社会中发挥自身的作用，而不是为了教育而教育，教授一些抽象的知识，甚至是一些"可应用的"技能。

智力工具

这种观点似乎将理论知识简化为一些实际问题，而我们也可以看出，这种方法在科学中或许是有用的。然而，皮尔士真正想要表达的是：从进化论的角度来看，观念其实就是人类发展进化出来的工具，以便在世界中确定"航向"。皮尔士的这种观点也许会得到弗朗西斯·培根的赞同，用后者的话来表达，那便是："知识就是力量。"

融贯论

但如此一来，真理何在呢？笛卡尔认为，为了确保真理，我们需要一个绝对确定的基础；但实用主义者认为，我们不可能找得到这样的基础，并主张要对信念进行评判，最好还是看看它们是否能构成一个融贯的整体。因此，某些事物之所以不是"真的"，只是由于它们与整体"图景"不相符。然而，尽管融贯论（Coherentism）将真理简化为有效性评判，但这应该不会让我们心生怀疑——因为怀疑又有什么用呢？相反，融贯论只是让我们变得更谦卑了。

自由意志

我们是否拥有自由意志？这是一个从哲学起源到当前时代一直存在着的问题。

- **姓名**：威廉·詹姆斯
- **生卒年份**：1842—1910年
- **国籍**：美国
- **学派**：实用主义
- **主要著作**：《信念的意志》（The Will to Believe）、《宗教经验之种种》（The Varieties of Religious Experience）、《实用主义》（Pragmatism）、《决定论的困境》（The Dilemma of Determinism）
- **主要贡献**：宗教哲学、伦理学、认识论

自由意志主义

大多数人认为，我们可以自由地决定如何行动（即使是那些会带来不愉快后果的行动）。然而，这种被称为"自由意志主义"（libertarianism）的观点与一种同样自然而然的假设相矛盾，即每一个事件都有原因。如果这个假设成立的话，那就意味着我们的行动实际上是不自由的（是由原因决定的）。

决定论

决定论（Determinism）有多种形式——社会决定论（例如，信念是由教养形成的）、生物决定论（某些基因容易导致肥胖），甚至神学决定论（上帝预知我们未来的选择）。这些形式是"硬"决定论、还是"软"决定论，取决于我们在多大程度上可能采取与之不同的行动。例如，我可能会拒绝从社会那里继承过来的信念，或抵制肥胖的遗传倾向（这两种决定论都可以说是"软决定论"），但我不能欺骗上帝（这是"硬决定论"）。然而，目前对自由意志主义的最大挑战不是来自神学，而是来自物理学。如果每一个结果都有原因，并且唯有物质是存在的，那么我的每一个决定都源于大脑中原子的相互作用，这意味着我的每一个行动都是被预先决定的。因此，根据因果决定论，我所感受到的自由意志不过是一种幻觉。

相容论

然而，一些哲学家主张，在某种意义上，自由意志与决定论是相容的。相容论者（Compatibilists）认为，如果做某件事通常在我的能力范围以内，并且没有外力阻止我这样做，那么我就可以说自己拥有做这件事的"自由"。

实用主义

实用主义者威廉·詹姆斯摒弃了所有这些方法，他认为这个问题是一个形而上学问题，超出了科学的回答能力，因此，就像上帝或灵魂是否存在的问题那样，自由意志是否存在的问题只是个人选择的问题（这不就是自由吗？）。

信念

威廉·詹姆斯试图为宗教信仰辩护，他反对如下观点——在没有足够证据的情况下就去相信是一种非理性的行为。

实用主义

詹姆斯认为，一般的信念并不是一种纯粹的理性行为，没有任何共同的信念是绝对确定的，这些信念也没有得到无可辩驳的事实的支持。甚至在我们面对一项简单任务（比如过马路或击球）时，对自己有能力完成该任务的自信，也需要一定程度的"信念"（Faith）。詹姆斯认为，由于这种确定性是不可能获得的，所以即使是从事研究的科学家也必须对信念抱有一种实用主义的态度，即基于一系列主观原因去探索那个对他们来说似乎是最有前景的假设。

激情本性

在选择是否持有一种信念时，詹姆斯强调了三组主观因素所起的作用。这种信念到底是活的、还是死的？是被迫的、还是可以避免的？是极为重要的、还是微不足道的？比如，我可能在生理上和心理上都具备成为一名宇航员的能力，但不知何故，就是对太空事务缺乏兴趣和自信，那么"当宇航员"对我而言就不是一个"活的"选择。又如，当我面对一辆疾驰的汽车时，"马上躲开"这个选择就是我"被迫"做出的。但是，我可以推迟做出是否吃冰激凌的选择，因为这个选择是"微不足道的"。那么，到底是什么决定了这些选择呢？决定这些选择的不是（或者说不仅仅是）我们的理性，也不是基于任何可获得的证据，而是我们的情感和本能，詹姆斯称之为我们的"激情本性"（Passional Nature）。

信念的意志

然而，詹姆斯并不是说，我们可以简单地选择相信任何我们想要相信的东西。像大卫·休谟一样，詹姆斯也看到了理性在决定我们信念时的局限性。尽管如此，他仍主张，在证据不足以决定答案时（就像在宗教的例子中那样），我们就应该遵从自己的情感和本能。

无政府主义

无政府主义反对"社会需要建立一个公民必须服从的国家"这一观点，认为即使没有传统形式的政府，社会秩序仍然是可能存在的。

- 姓名：皮埃尔-约瑟夫·蒲鲁东（Pierre-Joseph Proudhon）
- 生卒年份：1809—1856年
- 国籍：法国
- 学派：无政府主义
- 主要著作：《什么是财产》（What is Property?）、《贫困的哲学》（The Philosophy of Poverty）
- 主要贡献：政治哲学

古典无政府主义

无政府主义在传统上可分为两种形式。18世纪的古典无政府主义（Classical Anarchism）或社会主义形式的无政府主义（Socialist Anarchism）（我们稍后再讨论个人主义形式的现代无政府主义）是与共产主义同时诞生的，这种思潮一方面是对工业革命的回应，另一方面也受到了法国大革命种种事件的启发。

财产

法国哲学家皮埃尔-约瑟夫·蒲鲁东与马克思一样，也反对私有财产的概念，认为诸如土地之物应属于整个社会的共同所有。但是根据马克思的设想，我们可以服从一个中央集权的共产主义国家，这个国家能够确保平等，并且社会中的一切均属国有，此举至少可以作为一种临时的措施。相反，蒲鲁东提倡个人财产，也就是说，工匠和工人合作社对于其生产资料（木匠的生产资料就是他的工具；农场工人的生产资料就是他们的耕地）以及他们的劳动产品（不是用来出售获利，而是用来交换必需品）应该拥有一定程度的所有权或特许使用权。蒲鲁东称这种经济体系为"互助制"（Mutualism）。

互助

与霍布斯、洛克和卢梭等哲学家不同，古典无政府主义者并不接受社会契约论，认为即便没有中央集权，社会秩序也是可能的。因此，无政府主义通常代表了一种更乐观的人性观，强调其利他性和群体性。所以，俄罗斯无政府主义哲学家彼得·克鲁泡特金（Pyotr Kropotkin, 1842—1921）根据他的生物学研究提出：无论是从鸟群、羊群，还是蜂群、蚁群，甚至是狼群，我们都可以看到，大自然为我们提供了诸多自发合作的实例。如果人类注定要过群体生活（正如亚里士多德所主张的那样），那么，在内心最深处驱动着我们的本能也许并不是支配或竞争，而是"互助"。

虚无主义

众所周知，德国哲学家弗里德里希·尼采（Friedrich Nietzsche）曾宣称"上帝已死"，但人们往往不能完全理解这句话的真正含义。

姓名：弗里德里希·尼采
生卒年份：1844—1900年
国籍：德国
学派：存在主义
主要著作：《善恶的彼岸》（Beyond Good and Evil）、《查拉图斯特拉如是说》（Thus Spake Zarathustra）、《论道德的谱系》（Genealogy of Morals）、《反基督》（The AntiChrist）
主要贡献：伦理学、宗教哲学、认识论

什么是生命的意义？

虚无主义（Nihilism）这个词有多种含义，但一般用于表示这样一种信念——生命没有内在的意义，而我们的价值观也没有独立的基础。由此可见，如果既不存在上帝，也不存在善良的人性，那么关于真、善、美的传统观念似乎就成了无本之木。

上帝与疯子

然而，尽管尼采是最常与虚无主义联系在一起的哲学家，但他实际上将大部分的精力都用于寻找上帝之外的另一种答案。尼采认识到，通过科学和理性主义，通过接受更世俗（非宗教）的价值观和颂扬个人主义，西方文明已经开始背离对上帝的信仰，但尚未充分认识到此举的后果。因此，尼采在《快乐的科学》一书中实际上是借疯子之口，宣布我们已经杀死了上帝，但我们还没有准备好接受这个消息，因为我们还没有形成一套能够取而代之的体系或价值观。

那些没有杀死我的只会让我更强大

那么，应该用什么来取代上帝呢？尼采认为，我们不应该哀叹生命的无意义，而应该培养和完善我们的自然本能，从而进化出一套属于人类自身的价值观。如此一来，最高的理想就不是虚无主义式的顺从或冷漠，而是欣然接受生活抛给你的一切。

权力意志

尼采最著名的学说提出：所有形式的生命都是由一种欲望驱动的，这种欲望不仅是为了生存，也为了把自身的意志强加给世界——甚至强加给哲学家。

强权即公理

人们常常将权力意志（Will to Power）与"强权即公理"这种学说相混淆。这种学说主张：最强而有力者创造出一套利己的道德准则，从而将自身的统治地位合理化。虽然这种解释并不完全错误，但它所提出的"善"的概念仅仅是单向的，只是一种"穴居人的道德"（Morality of the Caveman）。

道德中的奴隶反抗

然而，权力意志也可能以不同的方式起作用。随着基督教在罗马穷人和奴隶中的兴起，原有的异教美德被颠覆了：应得上帝祝福的不再是强壮、富有或有权势者，而是温顺、贫穷和谦卑者；道德正义不在于苛求报应或报复，而在于宽恕和同情。尼采认为，基督教通过这种方式，在伦理世界中发起了一场"奴隶反抗"（Slave Revolt），从而使弱者拥有支配强者的"精神力量"（Spiritual Power）。因此，对尼采而言，基督教伦理学最清晰地表明了，权力意志可以以巧妙而含蓄的方式来表达自身——甚至可以借用哲学本身。

道德的谱系

实际上，尼采确实认为各种道德概念正是以这种方式产生的。在古老的异教文化中（比如古希腊文化和古罗马文化），"善"是与力量、健康、财富以及其他积极、正面的品质联系在一起的，而"恶"则与虚弱、疾病、贫穷等负面概念联系在一起。于是，尼采对我们现代伦理概念的谱系（血统）进行了追溯。

当代哲学

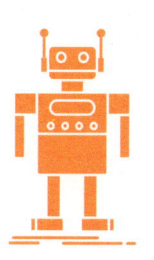

意向性

意向性（Intentionality）是心理经验的一个决定性特征，而且可以说是有意识者才能拥有的东西。

- **姓名**：埃德蒙德·胡塞尔（Edmund Husserl）
- **生卒年份**：1859—1938年
- **国籍**：德国
- **学派**：现象学（Phenomenology）
- **主要著作**：《逻辑研究》（*Logical Investigations*）、《笛卡尔式的沉思》（*Cartesian Meditations*）
- **主要贡献**：认识论、形而上学

现象学

意向性最常与现象学联系在一起，现象学是埃德蒙德·胡塞尔在其老师弗朗兹·布伦塔诺（Franz Brentano, 1838—1917）的影响下创立的哲学流派。现象学并不关注心灵与一个独立于它的世界之间的关系（这个世界的真实本质可能无论如何都是无法理解的），而是将注意力集中在主观经验（心理现象）的结构与本质上。现象学不仅影响了后来的大陆哲学家（如海德格尔），也影响了后来的哲学运动（如存在主义），这种运动从现象学中衍生出一种新的方法——从人类的主观经验和存在的角度探讨哲学问题。

关涉性

我们不要把意向性与"打算做"某事相混淆。思想和知觉之所以具有意向性，是因为它们总是为关于某物的思想和知觉。比如，我的狗在我脑海中的形象并不是一张平淡而无任何感情色彩的简单印象，而是某种带有个人色彩的精神意象——这种意象也许带有深情，或者（如果它走丢了）带有恐惧。因此，为精神对象添彩、赋形的，是我们的信仰、欲望、态度和感觉所具有的"关涉性"（Aboutness）。我们是按照自己的欲望和价值观来看待世界的。

心与物

上述观点的一个后果是：我们可以将意向性视作一个基本特征，以便区分心灵与物质对象。一块石头或一杯水并不具有意向性。唯有具有意识的心灵才能以某种方式去感知、去相信或去渴望，然后其精神表象才具有意向性。但如果是这样的话，那是否意味着计算机（作为物质对象）就永远不可能具有心灵的基本特征呢？难道真正的人工智能是不可能实现的吗？（关于这个问题，我们下文再谈。）

当代哲学

生命哲学

与现代科学的物质观相反，生命哲学者（Vitalists）认为，存在着一种独特的力量或组织原则，可以用来区分有生命之物和无生命之物。

- 姓名：亨利·柏格森（Henri Bergson）
- 生卒年份：1874—1948年
- 国籍：法国
- 学派：大陆哲学（Continental philosophy）
- 主要著作：《创造进化论》（Creative Evolution）
- 主要贡献：形而上学

生命的原则

生命哲学（Vitalism）可以被视作传统宗教、精神和万物有灵论生命观的一个分支。使一个事物"活着"的是它所拥有的一种非物质的精神或灵魂。生命哲学的哲学、科学传统始于亚里士多德，他区分了三种类型的"灵魂"（植物灵魂、动物灵魂、理性灵魂），这三者将特殊的形式和活动赋予了每一层次的生命。

机械论

在更近代的时期，生命哲学又开始复苏，以反对笛卡尔的机械论物质观。尽管笛卡尔也相信理性灵魂和"动物精神"的存在，但他认为生物物质都是机械性的——既不需要意识，也不需要知觉，只需要盲目且无意识地遵从物理规律。

生命冲动

生命哲学者反对机械论，主张生命力具有固有的目的。例如，法国哲学家亨利·柏格森提出，大自然并不服从达尔文所主张的那种机械性的自然选择，而是充满了生命冲动（élan vital），它自发地进行着自我组织，并以一种创造性而非机械性的方式产生自然的形式。

现代生命哲学

现代生命哲学的传统可以根据以下谱系来追溯：叔本华的意志概念、尼采的权力意志、柏格森的生命冲动、米歇尔·福柯（Michel Foucault）和吉勒·德勒兹（Gilles Deleuze）的后现代主义（Postmodernism）以及泛精神主义学说（Panpsychism）。我们也可以在弗洛伊德（Freud）、荣格（Jung）和威廉·赖希（Wilhelm Reich）的心理学理论中找到生命哲学的影响。因此，生命哲学往往代表着一种看似边缘化的观点，这种观点意在防止一种企图，即在科学上甚至政治上将生命（以及人类自身）还原为一种理性原则或一套法则。生命哲学者认为，这种野心将永远无法实现。

不完全决定性

法国物理学家、哲学家皮埃尔·迪昂（Pierre Duhem）认为：我们不能单独地对科学的命题加以检验，而要将其与相关的理论整体联系起来。

姓名：皮埃尔·迪昂

生卒年份：1861—1916年

国籍：法国

学派：工具主义（Instrumentalism）

主要著作：《物理学理论的目的和结构》（The Aim and Structure of Physical Theory）、《拯救现象》（To Save the Phenomena）

主要贡献：科学哲学、认识论、形而上学

拯救现象

迪昂认为，从古希腊到哥白尼，科学与其说专注于描述真正的实在（实在论），不如说是要"拯救现象"（给出一个可以将各种事件"合理化"的解释——无论其背后的真理可能是什么）。

相互竞争的宇宙观

根据这种方法（工具主义），当要在托勒密地心说和哥白尼日心说这两种宇宙观之间做出选择时，当代科学家并不太关心哪一种宇宙论是对的，他们关注的是哪一种提供了更融贯的解释，让我们能够预测和解释各种事件。

关键实验

这种观点所带来的另一个后果是，既然理论的"破与立"都是作为一个整体而发生的，那么就不可能存在所谓的"关键实验"（Crucial Experiments）——它能够独立于背景假设，去验证单一的假说。如果一位16世纪的天文学家观测所得的结果为托勒密地心说带来了麻烦，那么地心说仍然有可能以一种"拯救现象"的方式得到修补（几个世纪以来的历史事实证实了这一点）。因此，单一观察或单一实验的意义总是与全局（理论整体）相关的，这是由于数据本身决定不了我们应该采用哪一种理论：我们总是面临选择。

证实整体论

迪昂的论文——他原本只打算将其应用于物理学领域——后来被蒯因（Quine）引用，并将其应用扩展至物理学之外。蒯因认为，不完全决定性（Underdetermination）是知识的一个普遍特征，对信念的评估不能单一地进行，而要采用整体的方法，他将这种方法称为"证实整体论"（Confirmation Holism）。

时间

一直以来哲学家们都在孜孜不倦地探求时间的本质，他们追问："未来是否有定数""时间是否独立于事件"甚至"时间本身是否存在"。

- 姓名：约翰·麦克塔加特（J. M. E. McTaggart）
- 生卒年份：1866—1925年
- 国籍：英国
- 学派：观念论
- 主要著作：《论时间的非实在性》（The Unreality of Time）
- 主要贡献：形而上学

时间与变化

柏拉图和牛顿等思想家认为，时间独立于事件。所以，你可以拥有一段空的时间，其间什么也没有发生。如果是这样的话，那么，（试想一下）我们有可能在呼吸之间，便恍如隔世。对于亚里士多德和莱布尼茨这样的哲学家来说，这样的"冻结"现象是不可能的，因为时间只是各种事件的前后相继。

时间与实在

约翰·麦克塔加特认为，时间本身就是虚幻的。我们可以将他的论证彻底地简化为：一个事件可以是过去的、现在的或未来的，但它怎么能同时是这三者呢？也许我们可以说，你现在正在读这本书；在将来，你已经读过了它，而在过去，你即将要读它？但这种说法其实已经假定了那个你本打算证明的观点为真——过去、现在和未来是独立存在的。你其实是在使用时间的概念来证明时间的实在性。

时间与存在

另一个时间难题与事物在过去或未来的存在有关。现在主义者（Presentism）假设只有"现在"的事物存在。但是，为了对这些事物作出陈述，难道不需要知道例如上周的风暴或下周的热浪确实存在吗？因此，永恒主义者（Eternalism）认为，过去、现在和未来是持续存在的，时间就像一个空间中的物体（例如一条路或一座山），"过去""现在"和"未来"不过是这个物体上的不同位置。宇宙增长论（The Growing Universe Theory）的支持者也同意这一观点，当然，与未来相关的部分除外（因为未来尚未被创造出来）。

数学

伯特兰·罗素（Bertrand Russell）试图将数学还原为逻辑，但此举却揭示出了一个根本的悖论。

- 姓名：伯特兰·罗素
- 生卒年份：1872—1970年
- 国籍：英国
- 学派：分析哲学（Analytic philosophy）
- 主要著作：《论指称》（On Denoting）、《数学原理》（Principia Mathematica）、《哲学问题》（The Problems of Philosophy）、《西方哲学史》（A History of Western Philosophy）
- 主要贡献：逻辑学、形而上学、认识论

类

罗素的尝试是以集合论（Set Theory）为基础的。数字"1"可以看作所有单个事物的类（Class）（集合），数字"2"可以看作所有成对事物的类，以此类推。

罗素悖论

但这导致了悖论。就像自行车的轮子和独眼巨人的眼睛一样，类本身也是可以被归类的东西。我们可以把逻辑中的类分为两种：1. 类是其自身的元素；2. 类不是其自身的元素。包含所有鸟的那个类本身不是鸟，但包含所有类的那个类本身就是类。但如果我们创造出一个类，这个类"包含所有不是自身元素的类"，那么就会出现矛盾。这样的类本身是不是自身的元素呢？

理发师悖论

罗素用一个类比来说明上述悖论。作为镇上的理发师，你的工作就是给每个自己不刮胡子的人刮胡子。那么你给自己刮胡子吗？如果你不给自己刮胡子，你就应该刮（因为你的工作就是为所有不给自己刮胡子的人刮胡子）；但如果你给自己刮胡子，你就不应该刮（因为你的工作只是为那些自己不刮胡子的人刮胡子）。

不完全性

罗素提出，某些类型的类不能是其自身的元素，试图以此来解决这一悖论。然而，数学家库尔特·哥德尔（Kurt Gödel）突出了一个更深层次的问题：在任何数学系统中都会有一些命题，它们本身是不能被证明的，即使这个系统是以这些命题的真实性为基础的。让我再用一个简单通俗的类比来说明：你不可能证明自己没有疯，因为这需要别人相信你是有理性的。

当代哲学

非存在

如何理解非存在事物的"古怪"状态,这个问题一直困扰着哲学家,而罗素提出了一个解决方案。

当今的法国国王

罗素要我们考察一下"当今的法国国王是秃头"这个命题。现在的法国并没有国王,那么我们该如何判断这个命题的真实性呢?我们似乎不能断定这个命题是完全错误的,因为要说它完全错误,我们就必须考虑到,在某种意义上,当今的法国国王是存在的,并且没有头发。但这个命题也不是毫无意义的,因为我们无疑能够理解它。

指称

这里的问题是:为了使命题有意义并能评估它的真假,一些哲学家提出,即使是虚构的实体也必须指称(Denote)或指涉(Refer)某物。但这个"某物"到底是什么呢?奥地利哲学家亚历克修斯·迈农(Alexius Meinong,1853—1920)认为,即使是非存在的实体也必须以某种形式"存在",如果不是以现实物质的形式"存在"的话。但是,迈农的理论似乎把我们引向了一个神秘的实体领域,可以说,这个领域还必须包括现实中不可能存在但可以设想之物。

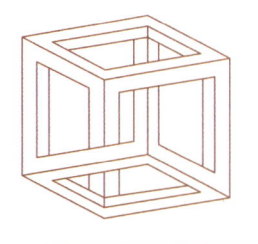

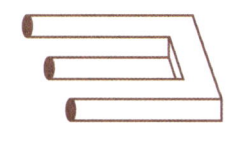

罗素的把戏

那么如何解决这一问题呢?罗素认为这里存在着某种"把戏",因为上述命题实际上不是一个断言,而是三个:断言(1)有一个人存在,他是当今的法国国王;断言(2)他是当今唯一的法国国王;断言(3)他是个秃头。如此看来,这个命题包含着一个明显的错误:断言(1)是假的,所以我们无须判断断言(3)的真假。因此,按照这种分析,我们可以得出结论:这个命题虽然是有意义的,但却是假的。

105

他心问题

伯特兰·罗素认为：虽然我们不能绝对肯定其他人也拥有像我们自己那样的精神状态，但可以认为这是极为可能的。

笛卡尔的怀疑

他心问题似乎源于笛卡尔。请回想一下我们上文的内容：虽然笛卡尔声称，他不能怀疑自己心灵的存在，但他对外部世界的存在——或者对自己身体的存在，却没有这般把握。因此，其他人也许确实不具备像我这样的心灵，甚至只有我才是存在的（这种观点被称为"唯我论"）。

类比论证

罗素对此的回应是：对于"他心如我心"的最有力论证其实是基于一种类比。我能够观察到，其他人的行为方式与我相似，既然我自己的行为与我的精神状态有关，并且是由我的精神状态引起的，那么我就有理由相信，他人的行为也是如此。因此，我就可以根据对自己的行为与精神状态二者间关系的认识，来类推其他人的行为与精神状态之间的关系。

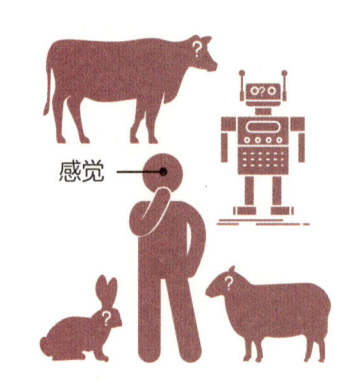

非人类

然而，也许这个问题最有趣的应用是关于"非人类能否具有与我们人类相似的精神状态？"这一问题。像狗、猿这类生物会像人类那样去"思考"、去"感觉"吗？计算机或机器人能被认为是"有意识的"或"有知觉的"吗？如果罗素的上述观点正确，那么这个问题的答案就可以在它们的行为所推出的结论中找到，而这些结论是以我们对自身行为以及这些行为与我们内在的思维和感觉之间关系的认识为根据的。

当代哲学

结构主义

结构主义（Structuralism）借鉴了瑞士语言学家费尔迪南·索绪尔（Ferdinand de Saussure）的著作，在20世纪中叶发展起来。

- **姓名**：弗尔迪南·德·索绪尔
- **学派**：结构主义
- **生卒年份**：1857—1913年
- **主要著作**：《普通语言学教程》（Course in General Linguistics）
- **国籍**：瑞士
- **主要贡献**：形而上学、语言哲学

能指与所指

索绪尔认为，语言是一个符号系统（System of Signs）。这些符号由能指（the signifier，即代表某物的声音或图像）和所指（the signified，即能指所指称的概念）组成。

dog（英语）
chien（法语）
cane（意大利语）
能指
所指

语言与言语

索绪尔通过区分语言（Langue）和言语（Parole）来解释这种关系。语言是指支配一种具体语言或符号系统的基本规则和关系，而言语是指交流中实际使用到的词语和表达。不同文化的言语不同，但其潜在的语言却可能是相同的。因此，要理解一种文化，就必须理解它的结构。

先天语言

语言学家诺姆·乔姆斯基（Noam Chomsky，出生于1928年）后来用结构主义论证，人类拥有一套先天的通用语法（Innate Universal Grammar），从而使他们能够学习语言。例如，我们可以认为"无色的绿色观念在愤怒地睡觉"（我们在此引用了他的著名例子）这个句子是符合语法规则的，因为我们能识别出它的结构，但就内容而言，这个句子是毫无意义的。

叙事结构

索绪尔的洞见被推广到各个领域之中，这股影响范围极大的思潮被称为"结构主义"。例如，美国人类学家约瑟夫·坎贝尔（Joseph Campbell，1904—1987）采用了结构主义的方法来研究宗教和神话，他在《千面英雄》（The Hero with a Thousand Faces）一书中指出，在全世界的不同宗教和神话中都能找到相同类型的英雄人物，他们面临着相同类型的试炼，与相同原型的神、精灵助手以及狡猾的对手展开斗争。众所周知，乔治·卢卡斯（George Lucas）在《星球大战》（Star Wars）电影中所运用的正是坎贝尔的思想。

自然主义谬误

英国道德哲学家乔治·爱德华·摩尔（G. E. Moore）反对以下观点：伦理之善应该被定义为快乐或幸福（或其他自然品质）。

- 姓名：乔治·爱德华·摩尔
- 生卒年份：1873—1958年
- 国籍：英国
- 学派：分析哲学
- 主要著作：《伦理学原理》（*Principia Ethica*）
- 主要贡献：伦理学

动机

道德实在论者（Moral Realists）认为道德品质在某种意义上是实在的且不可还原的。道德实在论者不是自然主义者（Naturalists）就是非自然主义者（Non-naturalists）。例如，柏拉图和康德等哲学家就是非自然主义者，他们主张道德品质是观念或原则。如果我说："乐善好施是善"，我的意思并不是乐善好施给了我快乐，或任何其他自然品质（尽管它或许也可以给我带来这些东西，但这只是额外附加的）。我的意思其实是，无论我有什么感觉，乐善好施这个行为本身都是正确的。因此，对于非自然主义者来说，快乐是道德之善的附带结果；如果你之所以去做某事，只是因为它能让你"如沐春风"，那么严格地说，你做这件事就动机不纯。

道德自然主义

道德自然主义（Moral Naturalism）反对道德的非自然主义（Moral Non-naturalism），前者认为"善"实际上可以转化为某种自然品质。例如，杰里米·边沁主张，"善"其实就是快乐，因此幸福就在于将"善"最大化。相比之下，托马斯·阿奎那的"自然法"学说提出，人类的幸福在于实现我们应有的自然"功能"，而这又取决于上帝创造我们本性的目的。然而，以上两种方法，虽然表达方式不同，却均属自然主义，因为它们都把道德之善与人类的某种自然品质联系在一起。

可疑的善

然而，摩尔的洞见在于，如果我们将善等同于某种自然品质，如快乐、功能、权力意志等，那么我们就犯了一个逻辑谬误。因为总是有可能说，"偷这个蛋糕将会给我带来快乐——但这样做是正确的吗？"然而，如果善不过就是快乐（或别的什么自然品质），那么这个问题就是一个空洞的问题。

形式主义

形式主义（Formalism）纯粹从形式与结构的角度来看待艺术，与之相关的其他元素则被认为是无足轻重，甚至是毫不相干的。

- 姓名：克莱夫·贝尔（Clive Bell）
- 生卒年份：1881—1964年
- 国籍：英国
- 学派：形式主义
- 主要著作：《艺术》（Art）
- 主要贡献：美学

康德

康德可以说是最早提出形式主义艺术理论的人了，他在《判断力批判》中主张，艺术作品的关键元素是形状与线条（在视觉艺术中），以及结构（在文学或音乐中）等形式元素。其他非形式元素（比如，一幅画的色彩）只不过给艺术作品增添了些许"魅力"。

有意味的形式

在视觉艺术领域，特别是在绘画领域，形式主义是由克莱夫·贝尔发展而来的，他认为形式是蕴涵意味的，这一理念将艺术作品视为通过线条、形式、色彩和构图来传达某种审美情感。这种审美情感不是由艺术作品所描绘的主题激发出来的反应（假设这一作品是具象艺术）；并且，激发出来的这种情感也不一定是美的情感或崇高的情感。

抽象表现主义

这种形式主义的方法也可以在艺术评论家克莱门特·格林伯格（Clement Greenberg）的作品中找到，他支持杰克逊·波洛克（Jackson Pollock）的行动绘画（the Action Painting）。这种流派将绘画还原为形式化的抽象元素（这些元素通常不"代表"任何事物），以便直接表现情感。

语境

颇具争议的是，形式主义者认为，要理解一件艺术品，我们并不需要骑马找马。因此，与艺术品相关的任何外部关联物或参考物都可以忽略。然而，这种方法或许能适用于绘画或音乐，但它似乎对文学作品提出了特殊的挑战，因为文学作品通常会涉及对历史和文化的参考。如果我们不参考爱尔兰的历史，只是对詹姆斯·乔伊斯（James Joyce）的《尤利西斯》（Ulysses）中使用的隐喻或语言风格进行考察，那么我们还能够透彻地赏析这部作品吗？

存在

马丁·海德格尔（Martin Heidegger）的哲学从根本上关注的是存在论（Ontology），即存在的本质。他声称，迄今为止的哲学家们基本上都忽视了这一本质的难题。

- 姓名：马丁·海德格尔
- 生卒年份：1889—1976年
- 国籍：德国
- 学派：存在主义现象学（Existential phenomenology）
- 主要著作：《存在与时间》（Being and Time）
- 主要贡献：形而上学

存在论

存在论是形而上学的一个分支，因此它所关注的是存在的本质。当我们思考以下这些问题的时候，"成为一只蝙蝠是一种怎样的体验？""宇宙最终究竟是由一种还是多种物质组成的？"或者"心灵是否独立于身体？"，那么我们就是在探寻存在论问题的答案。

"此在"

哲学家们总是关注某些类型的存在论问题，但海德格尔认为，更深层次的问题（即，存在本身的本质）却仍然有待解答。海德格尔借鉴了他的老师埃德蒙德·胡塞尔（我们曾在上文讨论过）的思想，采用了现象学的方法，考察了像我们这样的存在者是如何存在的。人类与动物的不同之处在于，人类对自己的存在、死亡以及对意义的需求均具有独特的意识——具有这种意识的存在者被海德格尔称之为"此在"（Dasein），即"存在于此"。

"此在—在世界中—存在"

在此，海德格尔开创了一种对其后的存在主义哲学影响颇深的方法。"此在"并不是某出戏剧的观众，而是一出生就已经在舞台上，被期望去完成某一角色。但是对于海德格尔来说，并不存在像"主体"（Subject）与"客体"（Object）这样的区分，因为我们对于存在的经验其实都是"在世界中存在"（Being-in-the-world），这种状态已经预设了我们在事物中的角色，并且塑造和影响了我们意识的本质。

"向死而生"

但这出戏究竟有什么意义呢？海德格尔并未向我们提供任何答案，而是给了我们建议：通过采取一种"向死而生"（Being-towards-death）的态度，我们可能会记起，自己是有限的、可朽的存在，我们的存在是由时间塑造而成的，进而去过一种本真的、有意义的生活。

表现主义

根据R.G.科林伍德（R. G. Collingwood）的表现主义（Expressionism），真正的艺术与技艺不同，它不是实现某些预先设定目的的手段，而是一种自发的想象性表达形式。

- 姓名：R.G.科林伍德
- 生卒年份：1889—1943年
- 国籍：英国
- 学派：观念论
- 主要著作：《艺术原理》（The Principles of Art）
- 主要贡献：美学

情感

就表现主义而言，意大利哲学家克罗齐（Benedetto Croce, 1866—1952）和俄罗斯小说家列夫·托尔斯泰（Leo Tolstoy）分别提出了不同的观点，但英国哲学家R.G.科林伍德最为全面地发展了这种理论。表现主义与形式主义一样，主张艺术的价值在于情感的表达，而不在于它所传达的任何思想。然而，表现主义区别于形式主义的地方在于，它并不将自身局限于艺术作品的形式方面。

真正的艺术

科林伍德认为，人们常常把艺术与其他事物相混淆。如果一个钟表匠在维修钟表方面技术超群，或者一个有才华的画家能够栩栩如生地描绘一个场景，那么我们就可以说二者都体现出了艺术才能。在推动以政治、社会或宗教为目的的活动中，甚至在某些主要是为了娱乐而创作的作品中，都可能存在着所谓的"艺术"。但是，真正的艺术并不以这些东西为目的，科林伍德将这些东西仅仅视为"技艺"（craft），它们也表达情感，却是出于一个预先存在的目的。

想象性的表达

真正的艺术与技艺的不同之处在于，它通过想象性的表达来体现先前那种无意识的情感。在这一点上，科林伍德的观念非常接近于传统的"灵感"（Inspiration）概念，尽管他不同意"唯一艺术天才"观（the Idea of the Sole Artistic Genius），反而主张艺术创作是一种协作——艺术家的生活和社会关系会对艺术家产生影响，而艺术创作就是要对这些影响进行引导和整合。在戏剧创作中，观众扮演着与演员和剧作家同样重要的角色。

言说与显示

路德维希·维特根斯坦（Ludwig Wittgenstein）试图揭示语言与世界的关系，因而指出，哲学家所能说的话是有限度的，超出此界限将沦为无稽之谈。

- 姓名：路德维希·维特根斯坦
- 生卒年份：1889—1951年
- 国籍：奥地利
- 学派：分析哲学
- 主要著作：《逻辑哲学论》（*Tractatus Logico-Philosophicus*）、《哲学研究》（*Philosophical Investigations*）
- 主要贡献：语言哲学、逻辑学、认识论、形而上学

图像论

维特根斯坦的哲学生涯通常分为两个时期。维特根斯坦早期的哲学发展得益于伯特兰·罗素的指导，他这段时期的研究是在分析哲学的传统下进行的——在此期间，哲学的关注点转向了语言［有时也被称为"语言转向"（the Linguistic Turn）］；而他后期的研究则标志着其哲学在方向上发生了根本性的转变。维特根斯坦早期的研究试图证明，世界是具有逻辑结构的，并且这种逻辑结构可以得到语言的揭示。当我们提出命题时，我们其实是在构建"图像"（Pictures），这些图像是由各种"逻辑原子"（Logical Atoms）组合而成的，而这些逻辑原子要么符合现实，要么不符合现实。

瓶中的苍蝇

虽然维特根斯坦后来放弃了这一理论的某些方面，但似乎始终坚持其中的一个主题。有一些关于世界本质的真理是无法被有意义地谈论的；它们只能得到"显示"。例如，我可以向你展示游戏规则，或者举例说明语法是如何起作用的。但在任何解释中，都会有这样一种情况：我们只能说，"好吧，事情就是这样"，如果超出这个界限，我们说出来的话就有可能沦为无稽之谈。因此，在维特根斯坦看来，哲学家的工作就是帮助我们避免这种无稽之谈。维特根斯坦后期的研究更有力地说明了这一点，他认为哲学不过是一系列谜题或困惑，一旦我们从中挣脱出来（就像释放一只困在瓶子里的苍蝇那样），就能重获自由，以便把精力集中到"真正的"问题上——我们应该如何生活。

私人语言

维特根斯坦后期的哲学专注于语言的公共性，他认为我们如何理解世界（甚至理解私人的自我）取决于我们是否担当了某个共同体的一部分。

艾耶尔的鲁滨逊

试想一下，假如鲁滨逊·克鲁索（Robinson Crusoe）不是成年后才流落荒岛，而是在岛上独自长大的，那会如何？他会演化出一套自己的语言吗？当"星期五"出现时，鲁滨逊能为他命名吗？在与英国哲学家 A. J. 艾耶尔（A. J. Ayer）讨论时，维特根斯坦认为鲁滨逊不可能做到这件事。艾耶尔认为，鲁滨逊能够为各种事物选择属于自己的"标签"（Labels），这并不存在任何障碍，他的这种举动其实就是发展自己的私人语言（Private Language）。但维特根斯坦指出，即使是给事物"贴标签"这个概念也是作为语言共同体一部分的我们从这个共同体中学到的东西，而且语言学习这件事本身也需要其他人的参与。如果没有这样一个共同体，鲁滨逊不仅会显得笨嘴拙舌，而且根本无法进行任何复杂的思考，因此他最终可能会变得几乎无异于一个动物。

盒子里的甲虫

如果我们考虑一下"盒子里的甲虫"（the Beetle in the Box）这个奇怪的类比，我们可能会进一步地理解维特根斯坦的观点。维特根斯坦说：试想一下，我们每个人都有一个盒子，里面都有一只甲虫，但是任何人都不允许打开别人的盒子看，那我怎么知道我的甲虫和你的甲虫是相似的呢？在这个情景中，每个人的甲虫都只能被它的主人看到，所以，人们在公开场合用"甲虫"这个词意指"我盒子里的那个东西（无论这个东西是什么）"。这个奇怪的类比意在说明，即使是我们的"私人"思想也依赖于一种公开的共有语言（甲虫 = 私人的自我）。我所认为的自己，其实是作为语言共同体一员的我从共同体中学来的、用以描述某物的词语。如果没有公开的词语来描述内心深处的自我，那么我还能用别的词语来描述吗？当然，维特根斯坦并不是说我们不会有知觉，而是我们无法描述、甚至无法思考它们。

确证悖论

现代科学家承认他们的理论无法得到确凿的证明。然而,卡尔·古斯塔夫·亨佩尔(C. G. Hempel)认为,就连用以验证假设的证据本身也存在着问题。

姓名:卡尔·古斯塔夫·亨佩尔

生卒年份:1905—1997年

国籍:德国

学派:分析哲学

主要著作:《确证逻辑之研究》(Studies in the Logic of Confirmation)

主要贡献:认识论、逻辑学

科学的不确定性

归纳问题清楚地表明,科学理论依赖于观察和搜集证据,因此它们不可能是绝对确定的。某一假说今天看来或许是真的,但到了明天我们有可能会发现一个与之相矛盾的事实,或者发现了能更好地解释这一证据的另一个假说。因此,所有的科学理论都仅仅是暂时为真的。然而,如果我们所掌握的支持某一理论的证据越多,这个理论的确定程度就越高,那么它就越有可能为真。

黑乌鸦

假设我相信"所有的乌鸦都是黑的"这个命题。那么,我所看到的每一只黑乌鸦都会增加我所掌握的证据,以支持这一命题——增强该命题的可信度,减少其出错的概率。

=所有的乌鸦都是黑的

室内鸟类学研究

然而,能够增强假说可信度的并不仅仅只有正面的证据。如果"所有的乌鸦都是黑的"这一命题为真,那么其逆命题"所有非黑的东西都不是乌鸦"亦为真。亨佩尔因此推断,每当我们看到一些不是黑乌鸦的事物时,我们对"所有乌鸦都是黑的"这一命题的信念就会加强。但这其实很荒谬,因为这意味着(例如)看到一辆黄色的汽车、一件蓝色的衬衫,或一个绿色的球也可算作支持"所有乌鸦都是黑色的"这一命题的证据。事实上,我可以只待在家里,注意看看周围所有不是黑色的也不是乌鸦的事物,这就是在做"室内鸟类学"的研究了。难道这也算研究吗?

当代哲学

新的归纳之谜

纳尔逊·古德曼（Nelson Goodman）针对科学知识提出了另一个更深入的问题，他认为归纳论证的有效性是不充分的。

- 姓名：纳尔逊·古德曼
- 生卒年份：1906—1998年
- 国籍：美国
- 学派：分析哲学
- 主要著作：《事实、虚构和预测》（Fact, Fiction and Forecast）
- 主要贡献：认识论、逻辑学

形式上有效的归纳论证

尽管发现了乌鸦悖论（the Raven Paradox），亨佩尔和鲁道夫·卡纳普（Rudolf Carnap, 1891—1970）等哲学家还是希望使归纳与演绎相符。请回忆一下我们之前提到过的内容，如果演绎论证的前提为真，并且论证的形式是有效的（遵循逻辑规则），那么这个演绎论证就是正确的。虽然归纳论证永远无法保证其确定性，难道我们不能至少确定它们应该采取的形式，以便使它们具有最高程度的可能性吗？

前提：迄今为止被我们观察过的所有翡翠都是绿色的；
结论：所有尚未被观察到的翡翠也将是绿色的。

绿蓝色

纳尔逊·古德曼使这种希望破灭了，他指出，你可以同时拥有两个在形式上同样有效的归纳论证，而其中之一是极不可能的。古德曼的观点是，试想一下，我们创造出一种新的颜色，"绿蓝色"（Grue），它可以被定义为"迄今为止被观察到是绿色的一切事物，或者尚未被观察到是蓝色的一切事物"。这似乎是一个古怪的概念，但古德曼是想用它来说明一个特别的观点。

在过去被观察到的绿色事物

尚未被观察到的蓝色事物

蓝色的翡翠

那么，我们先前观察到的绿色事物，如所有曾见过的翡翠、树叶等，也都将是"绿蓝色"的。但是，我即将观察到的下一颗翡翠似乎极不可能是蓝色的。因此，这一论证似乎有些站不住脚，但它的形式与那个可能性大得多的论证完全相同，即"所有迄今为止被我们观察过的翡翠都是绿色的；因此，所有我们在未来观察到的翡翠也都将是绿色的。"换言之，可能的和不可能的归纳论证不能仅仅根据它们在形式上的有效性来区分。

消费主义

赫伯特·马尔库塞（Herbert Marcuse）认为，现代民主社会的消费主义（Consumerism）并未反映出一个拥有自由选择和财富的新世界，而是体现了一种极权主义的控制。

- **姓名**：赫伯特·马尔库塞
- **生卒年份**：1898—1979年
- **国籍**：德裔美国人
- **学派**：大陆哲学（马克思主义/法兰克福学派）
- **主要著作**：《爱欲与文明》（Eros and Civilisation）、《单向度的人》（One-Dimensional Man）
- **主要贡献**：政治哲学、社会理论

阶级斗争的终结

马尔库塞的哲学本质上是对马克思主义的推进。他认识到，消费主义社会的富足破坏了传统的资产阶级与无产阶级的斗争，使得原本应该助长政治不满的能量流向了享乐和财富。

购买幸福

通过这个过程，消费者开始被同化为那些他们被不断地灌输去渴望或需求的物质对象，几乎将汽车、炊具和电视等商品视作是自身的延伸，甚至是其个人价值的象征。

没有眼泪的极权主义

民主国家用享乐和财富来转移国民的注意力，以便实现一种不易察觉的社会控制。你会不断地工作来满足消费主义社会灌输给你的"虚假需求"（False Desires）。每当你扔掉一台旧电视机、一辆旧汽车或一套旧炊具，而去购买更好的新产品时，你所消费的产品中固有的迭代性就会不断地补充这些"需求"。但是，这掩盖了一个事实，即：这种社会的压迫程度并不亚于法西斯的独裁统治，它只不过是实行了一种压迫性的宽容，表面上允许你拥有信仰和行动的自由，但前提是你不能去动摇消费体系本身。

大拒绝

那么，这种消费主义社会的出路在哪里呢？马尔库塞认为，我们需要一个"大拒绝"（Great Refusal），这样人们就会逐渐放弃消费主义的虚假幸福，并开始批判性地接纳它所倡导的那种生活方式。

自发秩序

弗里德里希·哈耶克（Friedrich Hayek）认为，正如自然选择解释了自然秩序那样，真正的社会经济秩序不需要中央计划者或设计者，而是自发产生的。

- 姓名：弗里德里希·哈耶克
- 生卒年份：1899—1992年
- 国籍：奥地利
- 学派：分析哲学
- 主要著作：《通往奴役之路》（The Road to Serfdom）、《个人主义与经济秩序》（Individualism and Economic Order）
- 主要贡献：政治哲学、认识论

价格信号

哈耶克也和亚当·斯密一样，相信自由市场是经济繁荣的关键：市场无需中央计划，就能进行自我调节，这比任何控制机制都要有效得多和迅速得多。例如，全球钢材的短缺将会反映在价格上，而精明的买家在知悉这一价格信号（the Price Signals）后，就会去寻找替代品或自己生产。因此，只要没有中央集权的机构将成本人为地保持在高（或低）水平，那么不同的买家、卖家、制造商等市场参与者就会根据价格信号这一实时信息，来采取相应的行动。

怀疑的自由

然而，自发秩序不仅是市场的特征，也是社会政治秩序的特征。在这方面，哈耶克识别出了两大传统。其中，怀疑主义传统强调人类知识的局限性，因此允许有创新和试错的空间；在此传统中，秩序并不是人类刻意设计的结果，而是自发地进化和自我调节的产物。现代去中心化的西方民主国家就是这种传统的一个实例，在美国，政府的干预程度是最小的。

理性暴政

相比之下，理性主义传统强调人类获取知识并利用知识进行计划和控制的能力。因此，对哈耶克来说，怀疑主义的方法培养了真正的个性和自由，而理性主义的方法创造了虚假的个性，因为极权主义的权威迫使人们扮演集体角色，这种角色将统一的平等强加于人。

行为主义

虽然B. F. 斯金纳是一位心理学家，但他认为人是一台生物机器，其行为可以被编程，这一概念影响了心灵哲学和教育学的理论。

- 姓名：伯尔赫斯·弗雷德里克·斯金纳
- 生卒年份：1904—1990年
- 国籍：美国
- 学派：行为主义（Behaviourism）
- 主要著作：《有机体的行为》（*The Behaviour of Organisms*）、《沃尔登第二》、《言语行为》（*Verbal Behaviour*）
- 主要贡献：心灵哲学

精神动力主义

行为主义是以俄罗斯生理学家伊万·巴甫洛夫（Ivan Pavlov）的研究为基础的，其发展在很大程度上是对西格蒙德·弗洛伊德及其追随者的精神动力心理学的反驳。对弗洛伊德等人来说，心灵要通过意识和无意识的相互作用来理解。因此，心灵包含了私人的、主观的活动，这些活动内容只能通过个人自身的内省（观察心灵的内部）来获取，然后他再将这些想法和感觉报告给一位心理学家，供其解释和分析。

精神动力心理学

操作性条件

斯金纳和其他心理学家所采用的这种科学方法[方法论行为主义（Methodological Behaviourism）]也影响了一种心灵哲学理论[逻辑行为主义（Logical Behaviourism）]或分析行为主义（Analytical Behaviourism），关于这种理论，我们将在后文探讨。斯金纳试图证明，我们的行为极易受到正强化或负强化的影响，因而他也对自由意志这一哲学概念造成了打击。我们的信仰和行动并非出于理性的自由选择，而不过是条件作用的结果。我们仅仅是由基因、经验和环境因素编程而成的生物机器。

可观察的行为

与此相反，行为主义，顾名思义，就是将心理活动还原为可从生理上可观察到的行为。抑郁的人会表现出某些生理方面的症状：如心率下降、萎靡不振、垂头丧气等。同样地，认为或相信某事不过是当某种情况出现，就会表现出某种行为。通过对这种客观的可测量活动的关注，行为主义试图将心理学转变为一门科学。

当代哲学

证实主义

A. J. 艾耶尔（A. J. Ayer）认为，只有那些得到了逻辑证明或经验证实的命题才有意义。

- **姓名**：艾尔弗雷德·朱尔斯·艾耶尔
- **生卒年份**：1910—1989年
- **国籍**：英国
- **学派**：逻辑实证主义（Logical positivism）、分析哲学
- **主要著作**：《语言、真理与逻辑》（*Language, Truth, and Knowledge*）、《知识问题》（*The Problem of Knowledge*）
- **主要贡献**：认识论、形而上学

证实原则

艾耶尔借鉴了休谟和早期维特根斯坦的研究，并一度成为逻辑实证主义的关键人物。逻辑实证主义在哲学史上是一场极富争议又昙花一现的运动，它希望将哲学建立在一个全新的基础上，从而使哲学摆脱那些无法证明的断言和形而上学的噱头。艾耶尔认为，许多命题既无法得到逻辑上的证明，也得不到经验的证实。这被他称为"证实原则"（the Verification Principle）。

同义反复

逻辑上的确凿真理就是同义反复——也就是说，同一件事说两遍。例如，"所有的圆都是圆形的"，这一命题并没有说出什么新的东西，因为根据定义，圆就是圆形的东西。这就等于说"所有圆形的东西都是圆形的"，用逻辑术语表示就相当于"A=A"。数学也是如此："12 = 4 + 8"实际上是在告诉我们"12"的含义（"12"这个数和"4 + 8"是一样的）。

证明问题

如果一个有意义的命题不是同义反复的话，那么它就必须能够得到经验的证实。这听起来或许很科学，但它很快就会遇上困难。现代物理学假设了粒子的存在，但粒子只能间接地通过实验推断出来。那么，这种粒子是否得到了这种"观察"的"证实"呢？什么程度的观察才足以作为证据呢？请回想一下归纳法的问题。此外，证实原则这个命题本身似乎既不是同义反复，也不可以被经验证实，那么它本身是有意义的吗？

开放社会

卡尔·波普尔（Karl Popper）主张要捍卫一个自由、民主的社会概念，并揭示了隐藏在一些伟大哲学家思想中的危险的极权主义。

自由的民主

开放社会的理想是由法国哲学家亨利·柏格森第一个提出的，这一理想与由公认传统和专制教条所统治的"封闭"社会相对立。在《开放社会及其敌人》一书中，波普尔发展了这一思想，认为柏拉图、黑格尔等人的哲学思想实际上是极权主义压迫的灵感来源。

哲学王

波普尔认为，柏拉图的理想国从根本上讲是非民主的、精英主义的、压迫性的，其国民被胁迫、被操纵，以便一板一眼地扮演其固有的角色，而这些在本质上是以谎言为基础的（我们生来就是为了履行不同的社会职能）。波普尔认为，一个真正公正的社会应该允许批判性的辩论，并且尊重个人的自由，而不是臣服于柏拉图所说的那种哲学王的"智慧"。

历史命运

波普尔的下一个攻击目标是黑格尔，他要批判的是黑格尔的目的论历史观。波普尔认为，各种历史事件并不朝向一个预定的最终目的前进，对某种历史命运的信念致使我们相信了一些可疑的形而上学概念，即关于事情"必须"如何发展的概念。

范畴错误

吉尔伯特·赖尔（Gilbert Ryle）反对笛卡尔的二元论，他认为，"我们拥有一个与我们的身体能力和行为不同的心灵或自我"这一想法本身就是一种逻辑错误。

- 姓名：吉尔伯特·赖尔
- 生卒年份：1900—1976年
- 国籍：英国
- 学派：分析行为主义
- 主要著作：《心的概念》（The Concept of Mind）
- 主要贡献：心灵哲学

机器中的幽灵

要解决笛卡尔二元论所导致的身心交感问题，其中一个办法就是直接去掉非物质的部分。这就是大部分现代哲学家所采取的基本策略，但他们在具体论证中却选择了不同的方式。吉尔伯特·赖尔认为，二元论创造了一种关于人的概念的错误认识，用他的名言来说，就是：它把心灵当作一种"机器中的幽灵"（Ghost in the Machine）。

牛津大学

赖尔指出，撇开我自身能力（如说话、思考、创造、行动等能力）的物理表现，而要去寻找一种独立于这些表现、叫作"心灵"的东西，这就相当于人们向我展示了牛津大学的所有建筑后，我还要求去看牛津大学本身。赖尔认为，这是一个范畴错误（Category Mistake），它假设了"大学"是一个额外的东西，但这个东西与构成这所大学的所有建筑属于同一个物理事物的范畴。

证明的问题

相反，赖尔认为，心理概念可以根据我们实际的或潜在的行为来理解或分析，这一立场因此被称为"分析行为主义"。我们说某人生气了，并不是说他具有某种内在状态，而是说如果他被激怒，他可能会揍你。说我相信会下雨可能意味着我带着伞。如此一来，"内在的"就变成了"外在的"，因此我们也不再需要考虑所谓的"精神本质"了。

本真性

即使在面对"我们应该如何生活"的这种绝对自由问题上,让-保罗·萨特(Jean-Paul Sartre)仍然认为,其中一些选择是本真的,而另一些则是自欺的。

- 姓名:让-保罗·萨特
- 生卒年份:1905—1980年
- 国籍:法国
- 学派:存在主义
- 主要著作:《存在主义是一种人道主义》(Existentialism and Humanism)、《存在与虚无》(Being and Nothingness)、《恶心》(Nausea)
- 主要贡献:伦理学、政治哲学

存在与本质

作为一个无神论者,萨特认为并不存在一个我们要效忠的上帝,也不存在一个有目的地创造我们的上帝。我们也不是由人性来定义的。用萨特的话来说,我们的存在先于我们的本质。与手表、汽车或任何其他人造的设备不同,并不存在什么人类创造者来定义我们的本质。因此,从存在的角度来说,我们注定是自由的;我们不仅可以自由地选择如何生活,还可以自由地选择我们生活的意义。

存在主义传统

虽然"存在主义"这个术语经常与萨特联系在一起,但现在许多与存在主义相关的思想和概念并不是萨特本人创造的,而是经由萨特和其他哲学家之手,从具有"存在主义"特质的早期思想家那里发展出来的。

自欺

然而,尽管我们可以自由选择,但仍然有可能以某种方式做出否认这种自由的选择,萨特称之为"自欺"(Bad Faith)。如果我把自己暴躁的脾气归咎于自己的天性(就像中世纪的占星家所做的那样),那么我实际上是在找借口,放弃对自己行为应负的责任,以换取外界力量或思想体系强加于我的意义。相比之下,存在主义者认为,尽管并非所有发生在你身上的事情都在你的掌控之下,但你总是可以自由地选择如何对环境做出反应。

存在主义思想家

亚瑟·叔本华(Arthur Schopenhauer, 1788—1860)

弗里德里希·尼采(Friedrich Nietzsche, 1844—1900)

索伦·克尔凯郭尔(Søren Kierkegaard, 1813—1855)

马丁·海德格尔(Martin Heidegger, 1889—1976)

让·保罗·萨特(Jean-Paul Sartre, 1905—1980)

阿尔贝·加缪(Albert Camus, 1913—1960)

西蒙娜·德·波伏娃(Simone de Beauvoir, 1908—1986)

极权主义

作为一名德国犹太人，汉娜·阿伦特（Hannah Arendt）目睹了纳粹主义的兴起，她的哲学思想致力于理解极权主义的本质和政治自由的真谛。

姓名：汉娜·阿伦特	学派：存在主义、现象学
生卒年份：1906—1975年	主要著作：《极权主义的起源》（*The Origins of Totalitarianism*）、《人的境况》（*The Human Condition*）、《艾希曼在耶路撒冷》（*Eichmann in Jerusalem*）
国籍：德国	主要贡献：政治哲学

政治参与

对阿伦特来说，政治自由的基石不是基于共同价值观或传统的共同体，而是鼓励政治参与的共同体。与亚里士多德一样，阿伦特也认为，当公民在政治生活中充分发挥作用时，社会就可以得到最好的保护，免遭腐败和压迫之害。

积极生活

人类在实践活动中［阿伦特称之为"积极生活"（vita activa）］，以三种方式与世界接触：劳动、工作、行动。与动物一样，获取食物和住所的"劳动"确保了我们基本的生物性生存。更进一步的是"工作"，即创造并维持"适合于人类的物质条件"所需的生产活动。然而，只有凭借我们的主体能力（即"行动"），人类这种具有理性、身份、道德完整性的存在者，才能最大限度地发挥自己的潜能。

统一与服从

然而，阿伦特认为，希特勒的纳粹德国是与这一理想背道而驰的。这种极权主义政权无助于实现不同的个人身份和理性，相反，它试图将不同的个人化约为一个恪守单一传统或一套信念的统一群体。希特勒之所以这样做，不仅要恐吓政敌，还要恐吓全体人民，使之屈服，从而镇压或清除所有的"异议"（Dissent），由此将积极生活化约为一种不经思考的劳动。

他者

在各种哲学语境中，从自我意识的发展、文化和性别的认同，到伦理义务，均有"他者"（Otherness）的身影。

- **姓名**：伊曼努尔·列维纳斯（Emmanuel Levinas）
- **生卒年份**：1906—1995年
- **国籍**：立陶宛
- **学派**：存在主义现象学
- **主要著作**：《总体与无限》（Totality and Infinity）、《他者与超越》（Alterity and Transcendence）
- **主要贡献**：伦理学、形而上学

主奴

黑格尔在他的主奴辩证法（Lord and Bondsman，有时英文译为 Master and Slave）中，将对他者的承认视为自我意识形成的一个重要阶段——无论是对于个人自身的心理发展，还是一个种族或国家在与另一个种族或国家间关系中的心理发展，抑或是在其他语境下，均是如此。起初，他者代表了对主体自由的挑战或限制，这导致了对主导地位的争夺，但这种关系中的矛盾迫使它进化，最终促使双方相互承认，并各自发展出自我意识。

面对面

立陶宛籍哲学家伊曼努尔·列维纳斯将他者概念应用于伦理学。他者迫使我们质疑自己的身份（自我或"我"），并设定道德边界。列维纳斯认为，在这一点上，正是"面对面"本身（思想和情感在另一个人身上的外在表达）迫使我们承认，他者并非仅仅是我们利用的对象，而是我们要对之负责的存在者。因此，这种面对面的相遇正是道德的基础，它揭示了，哲学的真正基础是伦理学本身，而不是形而上学或认识论。

凝视

让·保罗·萨特用他者概念来解决他心问题（我们已在上文讨论过这个问题）：当我们往锁孔里窥探时，突然听到身后有响动，瞬间感觉到羞愧，这时我们就体验到了自己作为对象、被他者凝视的感觉。对象化也构成了"男性凝视"（Male Gaze）概念的一部分。"男性凝视"是女性主义电影理论家劳拉·穆尔维（Laura Mulvey）创造的一个概念，在这个概念中，银幕上的女性被男性导演和电影制作人性别化、定型化。

自然主义

哲学中的自然主义是一种普遍的信念，认为物质世界就是存在着的一切，因此我们只应去寻求自然的解释。

姓名：威拉德·范·奥曼·蒯因（Willard Van Orman Quine）

生卒年份：1908—2000年

国籍：美国

学派：分析哲学

主要著作：《经验论的两个教条》（*Two Dogmas of Empiricism*）、《语词和对象》（*Word and Object*）

主要贡献：认识论、形而上学、逻辑学

经验主义

自然主义可以应用于一切主题（比如，伦理学、宗教、心理学等），在寻求对现象的自然解释时，科学家本身基本上就是自然主义者。因此，自然主义与经验主义的信念有着紧密的联系，即所有知识最终都建立在感官证据的基础上。

自然化的认识论

这一观点的先驱是蒯因，他将自然主义应用于认识论（知识论）和科学哲学之中，认为经验主义（哲学家迄今为止所采用的经验主义）还不够深入，仍然含有不合理的信念（教条）。

信念之网

但我们如何定义"分析"呢？如果我们说同义词之间总是可以互相替换，那么这一命题根本不是真的——比如，当我们说"单身汉是一个由八个字母组成的词"时，那么此时用"未婚男子（unmarried man）"来替换"单身汉（bachelor）"就改变了这个命题的意义。蒯因认为，即使是这些基本的概念也并非简单、独立的，而是在意义和真理性上相互依赖的，即它们存在于一个信念之网中，而此网络中，即使是最基本的概念也可能会发生变化。

分析与综合的区分

经验主义的教条之一就是康德对分析命题（Analytic Statements）和综合命题（Synthetic Statements）的区分——分析命题的真假在于它本身的意义，而综合命题的真假则取决于世界本身。例如，我只要分析"所有单身汉都是未婚的"这个命题本身的意义，就可以确定该命题为真（"单身汉"的意思是"未婚的男子"），但是"吉姆是单身汉"这个命题则需要我去核实（吉姆可能最近结婚了）。

概念图式

蒯因的自然主义也导致了他对语言持有怀疑主义和相对主义的观点：我们不仅不可能理解他人，而且在某种意义上也不可能理解我们自己。

翻译的不确定性

一位人类学家在研究一个不讲英语的偏远部落时，看到一个土著指着一只兔子说："gavagai。"于是这位人类学家想到："啊！他说的是'兔子'。"但果真如此吗？或许这个土著人其实想说的是"那有一只兔子"，或是指抽象名词"兔子性"，也可能是指动词（它像兔子一样跑），甚至是指（更奇怪的）"未损坏的兔子部分"（即所有组合在一起的四肢和耳朵等部分）。

萨皮尔－沃尔夫假说

上述 gavagai 可能代表的含义听起来或许有些古怪，但蒯因想表达的是：人类学家在试图理解这个土著的过程中，对他的语言和世界观做出了某些背景假设（例如，人类学家假设了"gavagai"是事物的名称），从而将人类学家自身的概念图式强加到了对土著语言的理解中。人类学家爱德华·萨皮尔（Edward Spair, 1884—1939）和语言学家本杰明·李·沃尔夫（Benjamin Lee Whorf, 1897—1941）提出了一个相关的假设，他们认为人类不仅语言不同，而且可能已经演变出关于现实的不同基本观念。因此，沃尔夫声称，霍皮印第安人（Hopi Indians）所拥有的时间概念与西方人的（西方人的时间概念是线性的，即由过去、现在和未来组成的）截然不同。

指称的不可测知性

然而，蒯因的观点比这个更加深刻，也更具怀疑性，因为这种翻译中的困难不仅会出现在不同的语言之间，也会出现在同一语言的使用者之间，甚至与个人如何解读自己所说的话相关。问题不在于这些意义是隐藏的还是"不可理解的"，而在于根本不存在一个基本的潜在事实，可以用来确定"gavagai"（或"lapin""兔子"）实际上指的是什么。相反，语言只是一个由相互关联的概念组成的网络，正是这种由"同与异"组成的整体结构才产生出了意义。

当代哲学

女性主义

第一波女性主义浪潮意在寻求社会给予妇女平等的法律与政治权利,而第二波女性主义浪潮所追求的是更广泛的社会目标。

- 姓名:西蒙娜·德·波伏娃
- 生卒年份:1908—1986年
- 国籍:法国
- 学派:存在主义/女性主义
- 主要著作:《第二性》(The Second Sex)
- 主要贡献:伦理学、政治哲学

第二波女性主义浪潮

一般认为,第二波女性主义浪潮是在20世纪60年代席卷西方国家的自由主义浪潮中涌现的。越来越多的妇女认识到,前几代人所获得的自由和平等仅仅纠正了某些问题,但她们仍然被男性定义的刻板印象(比如,妻子、母亲、性对象)牢牢束缚,而媒体、家庭、宗教和其他社会力量更是强化了这一印象。

他者

法国存在主义哲学家西蒙娜·德·波伏娃于1949年出版的《第二性》一书为第二波女性主义浪潮奠定了基础。她指出,历史上,女性向来被定义为"他者"(Other),承担着次要的辅助性角色,从而使男性得以用他们认为是积极的"主导性"词汇来定义自身。男人积极主动、早出暮归、身强体壮、理智冷静;女人消极被动、深居简出、体质纤弱、多愁善感。

女性角色

波伏娃对女性传统角色进行批判的关键在于:存在主义者断言,我们没有"核心"的自我,可以完全自由地根据我们的行动来定义自己——正如她的一句名言所说的那样:"女人不是天生的,而是变成的"。这也说明了为什么更多的女性不直接挺身而出,抛弃掉这些虚假的身份。如前所述,存在主义者认为,我们的完全自由会导致焦虑,因此我们会转而寻求安慰性的信念和借口,从而使我们免于承担如此骇人的责任。波伏娃认为,传统的女性角色仍然会存在,这是因为,尽管这些角色加剧了不平等,但至少对一些女性而言,它们也提供了部分的庇护,使她们在面对自己的无限自由时得以摆脱痛苦。

德木格

对"恶的问题"的一种回应是：物质世界实际上并不是由上帝创造的，而是由一个不那么有能力、不那么仁慈，甚至可能是邪恶的实体创造的。

- 姓名：西蒙娜·韦伊（Simone Weil）
- 生卒年份：1909—1943年
- 国籍：法国
- 学派：基督教社会主义（Christian socialism）
- 主要著作：《重负与神恩》（Gravity and Grace）、《等待上帝》（Waiting on God）
- 主要贡献：宗教哲学

工匠

"德木格"（the Demiurge）这一概念首次出现于柏拉图的《蒂迈欧篇》（Timaeus），物质世界的创造者被描绘成一个不那么有能力的创世神（这个术语来自希腊语"demiurgos"，意思是"工匠"）。

诺斯替派

自此，这一实体概念经过新柏拉图主义（我们在前面讨论过）和诺斯替主义（Gnosticism，基督教的早期形式）的发展，一路演化，逐渐形成了无能、无知，甚至邪恶的名声，以至于卡塔尔教派（the Cathars，一个中世纪的基督教教派）将这个形象等同于撒旦本身。

二元论

诺斯替派主张精神和物质的对立，在这方面与摩尼教（Manichaeism）和拜火教（Zoroastrianism）等宗教中的二元论思想十分接近，这两种宗教都主张有两种同样强大但相互对立的力量存在。诺斯替派认为，无论如何，我们本质上都是被困在物质牢笼中的精神存在。因此，唯一的出路就是拒绝物质实在的幻觉，培养我们内在的神性火花。

重负与恩典

在现代神学中，这一观点可以说在法国基督教哲学家西蒙娜·韦伊（Simone Weil）的宗教哲学中保留了下来。虽然西蒙娜·韦伊没有明确赞同过这一传统（尽管她曾对卡塔尔教派表示过赞许），但她仍然认为物质世界完全背离了上帝，是一个痛苦、烦恼、自私、卑鄙和不公正的领域，物质世界的作用仅在于提醒我们"自己不是什么"，并激励我们努力与真实的自我建立联系。只要我们有意识地接受这些力量所带来的"重负"（Gravity），就可以体验到上帝赐予我们的"恩典"（Grace）。

证伪

作为对逻辑实证主义的回应，卡尔·波普尔认为先进的科学知识不是正面证据，而是反面证据，用来证明一个理论是错误的。

- **姓名**：卡尔·波普尔
- **生卒年份**：1902—1994年
- **国籍**：奥地利
- **学派**：分析哲学
- **主要著作**：《科学发现的逻辑》（The Logic of Scientific Discovery）、《开放社会及其敌人》（The Open Society and Its Enemies）
- **主要贡献**：认识论、政治哲学、科学哲学

归纳问题

逻辑实证主义者（如 A. J. 艾耶尔）认为，只有那些在逻辑上不可否认或可以得到经验证实的命题才是有意义的。然而，按照这种标准，由于存在归纳演绎的问题，我们似乎很难想到任何确凿的证据来支持那些关于科学事实的命题。

错误的理论

波普尔的洞见在于：实际上，错误的科学理论教给我们的东西与"正确的"理论不相上下，而且理论只能在一定时间内被暂时接受。亚里士多德的重力概念曾长时间占据主导地位，直到被牛顿的理论取而代之；而牛顿理论的"正确性"之后又被爱因斯坦推翻了。也许，爱因斯坦的理论终有一天也会被新的理论推翻。因此，科学的进步不是通过对理论的证实，而是通过证伪来达成的，以便代之以更好的理论。

伪科学

对波普尔来说，只有当一个理论是可检验的，该理论才能称得上是"科学的"。这个理论可以（或可以设想）被证伪吗？未来可能会有什么证据或见解能够推翻它吗？如果没有，那么它就根本不是科学（比如，波普尔认为占星术，或者弗洛伊德的理论就不是科学），应该被归为"伪科学"（Pseudoscience）。当然，这并不意味着这些理论是毫无意义的，它们只是没有对科学知识的发展起到推进作用。

情感主义

逻辑实证主义的另一个后果是，道德判断被还原为非理性的情感。

- 姓名：R. M. 黑尔（R. M. Hare）
- 生卒年份：1919—2002年
- 国籍：英国
- 学派：分析哲学
- 主要著作：《道德语言》（*The Language of Morals*）、《道德思维》（*Moral Thinking*）
- 主要贡献：伦理学

情感主义伦理学

艾耶尔断言，有意义的命题要么是逻辑上的同义反复，要么能在经验上得到证实，这种观点实际上使伦理学（命题）降格为情感的表达。那么，"谋杀是错误的"就只是意味着"我讨厌谋杀"，后者是一种关于情感的价值判断。但这种偏好（比如你对当地足球队的坚定支持）并不能成为理性辩论的话题。因此，这种理论也被称为情感主义伦理学（the "boo‑hurrah" Theory of Ethics）。

普遍规约论

尽管英国哲学家 R. M. 黑尔同意艾耶尔的观点，认为道德判断无关事实，但黑尔主张我们仍然可以就道德问题进行理性的辩论。这是因为，我在持有"偷窃是不道德的"这样的观点时，不仅仅是在表达个人偏好（比如对自己所支持的足球队的偏好）。我的偏好也蕴含了自己和他人将会采取的行动：我不仅不会偷窃，而且我想生活在一个自己不会遭贼的世界里。如此一来，道德判断就仍然可以是普遍化的。这种方法构成了黑尔的偏好功利主义（Preference Utilitarianism）的基础，这种功利主义不追求快乐，而是追求个人偏好或个人利益的最大化。

元伦理学

出于显而易见的理由，许多哲学家都对这一做法表示担忧。这实际上是一场关于"伦理学是什么"的辩论，而这个问题所指向的领域被称为"元伦理学"（Meta-ethics）。像康德这样的思想家认为，道德判断应该是普遍化的。如果我说"偷窃是不道德的"，那么这就意味着这个判断对每个人来说都是有效的，而不仅仅对我自己有效。然而，情绪化的反应（就像我们对食物或酒的口味那样）并不是客观普遍的判断，而是个人主观意愿的表达，这些表达因人而异（因此并非适用于所有人）。

当代哲学

人工智能

数学家阿兰·图灵（Alan Turing）提出，如果一台机器能够骗过某人，使其相信它是人类，那么该机器就可以被视作是"智能的"了。

- 姓名：阿兰·图灵
- 生卒年份：1912—1954年
- 国籍：英国
- 学派：行为主义
- 主要著作：《计算机器与智能》（Computing Machinery and Intelligence）
- 主要贡献：心灵哲学

思维机器

现在计算机的计算速度远超人类，甚至可以完成超过人类能力范围的运算，每天都在突破原有的界限。但是，计算机这种貌似智能的行为究竟是在"思考"，还是对人类思维的一种表象式的模仿呢？

图灵测试

为了回答这个问题，数学家阿兰·图灵（他在第二次世界大战中帮助军方破译了纳粹的秘密代码）认为，只要通过了人类的测试，机器就可以被视作是智能的。图灵测试（the Turing Test）需要有两个人和一台计算机，并将三者彼此隔开。其中一个人（提问者）负责把书面问题传给另外两个被测试者，被测试者以实物形式作答。一段时间后，由提问者决定哪个被测试者是人类。图灵认为，如果一台机器能够通过这一测试，那么我们可以认为它是在"思考"。

反对意见

这一思想实验引起了很大的争议，并招致诸多反对意见。首先，图灵的方法在很大程度上依赖于行为主义，认为最重要的是可观察到的行为（在这个测试中，这种行为特指书面交流）。不管计算机"内部"发生了什么，重要的是其"外部"行为。因此，一些哲学家[比如约翰·塞尔（John Searle），详见下文]承认，这在有限的意义上或许可以被视作"思考"，但它不足以被称作"意识"。然而，物理学家罗杰·彭罗斯（Roger Penrose）等其他学者则认为，机器永远无法掌握某些形式的思维。例如，彭罗斯认为，无论 A 和 B 的取值是多少，人类都可以看出 $A \times B$ 等于 $B \times A$。但是机器无法拥有这样的洞察力。它必须计算 A 和 B 的每一个可能值（这是一个无限的任务），要么上述等式就必须作为一条一般规则被编入程序中。而这样的规则可能有无限多个……

荒诞

加缪认为，为了在一个无意义的世界中寻求意义，我们唯一的办法就是过一种有反抗精神的生活。

- 姓名：阿尔贝·加缪
- 生卒年份：1913—1960年
- 国籍：阿尔及利亚裔法国人
- 学派：存在主义
- 主要著作：《局外人》（*The Outsider*）、《鼠疫》（*The Plague*）、《西西弗的神话》（*The Myth of Sisyphus*）、《反抗者》（*The Rebel*）
- 主要贡献：伦理学

西西弗的神话

就像希腊神话中的国王西西弗（Sisyphus）一样（西西弗受诸神责罚，诸神惩罚他把一块巨石推上山顶，却会在即将到达山顶之际让这块巨石重新滚落山脚，因此西西弗只能永无止境地推动巨石），我们的存在是毫无意义的。然而，作为人类，我们似乎不可避免地被驱使着去寻求意义。正是这种矛盾赋予了存在一种荒谬性。

局外人

加缪和其他存在主义者一样，也以虚构的方式表达了他的一些思想。加缪最著名的小说《局外人》描述了主人公莫尔索（Meursault）的生活，莫尔索看起来不过是个普通人，却发现自己与世界格格不入。莫尔索的母亲去世了，但他发现自己在她的葬礼上哭不出来，之后还被卷入了一系列他无法理解的事件中，并最终向某人开了枪。但最后在自己的审判中，他无法提出任何辩护理由，也说不出自己的作案动机。与卡夫卡（Franz Kafka）小说中的主人公一样，莫尔索也是一个局外人，他只能独自面对无意义的人生和荒谬。

反抗者

那么，我们该如何面对这种荒谬呢？我们不能简单地接受它，因为我们对于意义的渴望和存在的无意义之间的矛盾最终是不可调和的，这也消除了我们对生活得到改善怀有的希望。一种沉醉于享乐或遗忘的生活，甚至一种献身于某项事业的生活，都只不过是在尝试一种无处可逃的逃避。那么，唯一的答案就是反抗：尽管生活毫无意义，但我们还是要过一种充实而有意识的生活，以此来反抗我们的命运。

当代哲学

自由

以赛亚·柏林（Isaiah Berlin）认为，自由或政治自由在历史上演变成了两个不同的传统。

- 姓名：以赛亚·伯林
- 生卒年份：1909—1997年
- 国籍：英国（生于拉脱维亚）
- 学派：分析哲学
- 主要著作：《自由四论》（*Four Essays on Liberty*）
- 主要贡献：政治哲学、伦理学

自由的两个概念

伯林指出，虽然自由可以被看作是一个"一体两面"的观念，但哲学家们对于"自由概念的哪一方面才是最重要的"这一问题却存在分歧。亚里士多德或马克思强调公民在社会中的作用，以及他们所拥有的权利和义务。然而，休谟、洛克和穆勒等思想家则认为，自由的本质在于没有国家的干预。

积极自由

在缺乏支持和引导的情况下，一个人怎样才能获得最充分的自由呢？对柏拉图来说，自由在于控制人的欲望，并听从理性。然而，这种控制需要教育，而教育反过来又限制了个人的自由——例如，多锻炼、少吃饭、做作业。因此，积极自由包含了家长制，或者说，"旁观者清"（即国家、长辈、老师、专家等其他人知道得最多）的观念。但是这一观点一旦走向极端，就会导致极权主义（事实上，卡尔·波普尔曾就此指责过柏拉图）。

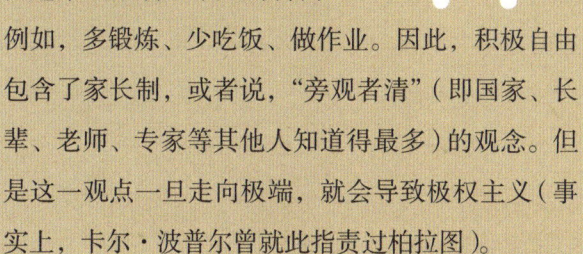

消极自由

针对积极自由的这些压迫性方面，消极自由主义者主张，个人必须自由地追求自己的目的。正如穆勒所言，如果你想大吃大喝，除非这种行为影响到了其他人，否则又与社会何干？这种观点是现代自由市场经济和新自由主义的根源，它们声称：国家干预越少，社会受益越大，因而个人和企业的成败完全取决于其价值。然而，这种看法假定了每个人的起点都是平等的，那些失败的人完全是自作自受。但果真如此吗？

同一论

心脑同一性理论（Mind-Brain Identity Theory）试图通过以下主张来解决身心问题：这个问题其实是不存在的，因为心、脑本是同一的。

姓名：大卫·阿姆斯特朗（David Armstrong）

生卒年份：1926—2014年

国籍：澳大利亚

学派：分析哲学

主要著作：《心灵的唯物主义理论》（A Materialist Theory of Mind）

主要贡献：心灵哲学、形而上学

物理主义

心脑同一性理论是由哲学家乌林·普莱斯（Ullin Place）和 J. J. C. 斯马特（J. J. C. Smart）在20世纪50年代最先提出的，但大卫·阿姆斯特朗使这种理论得到了最充分的发展。人们普遍认为心理事件只是大脑的物理事件。对于任何人来说，只要他不接受宗教或精神性的人性观，心脑同一性理论的这种解释听上去都是显而易见的真理；但即使对物理主义者来说，"心灵即是大脑"的断言实际上也引发了一些棘手的问题。

不同的描述

首先，心理描述和生理描述有着不同的含义。"我很高兴"并不意味着"我大脑中的这些神经元是活跃的"。然而，心脑同一论者可以说，鉴于我们现有的科学知识，这只是一种语言上的怪癖。"这水在结冰"字面上的意义并不等同于"这些分子键正在形成"，但是第一个命题的意义还是可以还原为第二个命题，正如（当我们有一天完全搞清楚大脑的运作后）"我很高兴"能被还原为"这组神经元是活跃的"那样。

类型和标记

然而，另一个问题涉及身体事件和心理事件应该如何对应起来。难道每一种大脑状态都有相对应的心理事件类型（Types）吗？"愤怒"是意味着在每个人的大脑中都激活了同一组神经元吗？或者说，我愤怒的每一个实例[标记（Token）]与你的实例相比，甚至与我自己先前的实例（标记）相比，其实都拥有着不同的神经学基础，存在这种可能吗？如果是这样的话，虽然心灵和大脑之间显然存在着某种密切联系，但这似乎比同一性理论所提出的解释要复杂得多。

解释学

哲学解释学（Philosophical Hermeneutics）涉及了我们在尝试做出任何形式的解释时所面临的一系列问题。

- 姓名：汉斯-格奥尔格·伽达默尔（Hans-Georg Gadamer）
- 生卒年份：1900—2002年
- 国籍：德国
- 学派：解释学（Hermeneutics）
- 主要著作：《真理与方法》（Truth and Method）
- 主要贡献：形而上学、认识论、美学

圣经研究

解释学是关于解释的理论。这种理论起源于19世纪的圣经研究，在此项研究中人们认识到，要想对圣经有更深的理解，就需要认识到文本写作的文化和历史背景。德国哲学家威廉·狄尔泰（Wilhelm Dilthey，1833—1911）将解释学进行了扩展，使其包括了所有涉及文本解释的人文科学。

解释学循环

解释学中的一个关键概念是"解释学循环"（Hermeneutic Circle）。我们在文本中所理解到的那些个别概念与句子的含义，会受到我们对其普遍文化语境和历史语境理解的影响。然而，我们对句子和概念的理解又反过来影响并改变了我们对语境的理解。部分和整体是相互关联的，所以任何解释的过程都必然是循环的。

在之中

现代解释学或哲学解释学与德国哲学家汉斯-格奥尔格·伽达默尔密切相关，伽达默尔师承海德格尔，后者的《存在与时间》本身就是一种解释学的尝试——海德格尔试图在一个发现自己已经"在世界之中存在"的存在者的语境中"解释"存在，并且这种解释存在的尝试是预先由存在本身的性质所决定的。

视域

伽达默尔将从海德格尔那里学到的知识活学活用，他把重点放在语言上，认为语言是世界上所有知识的媒介。因此，我们既在一种文化或传统中成长，也被困其中——我们受到自身文化"视域"（Horizon）的束缚，所以任何试图使用语言和概念工具来解释其他文化的尝试，都会为我们自己的态度和信念（通常是无意识的）所影响。如此一来，中立或客观的解释就是不可能的。因此，任何解释活动都是一场对话或综合，即一种"视域的融合"（Fusion of Horizons），从而创造出新的东西。

情境主义

情境主义者（Situationism）认为，现代资本主义社会正在用一种服务于消费主义、助长异化的表象或"景观"（Spectacle）来取代真实的社会生活。

姓名：居伊·德波（Guy Debord）	学派：大陆哲学［情境主义（Situationism）］
生卒年份：1931—1994年	主要著作：《景观社会》（The Society of the Spectacle）
国籍：法国	主要贡献：政治哲学、社会理论

商品化

情境主义国际（Situationist International）是由法国马克思主义者、无政府主义哲学家居伊·德波发起的一场激进的艺术及政治运动，这场运动批判了现代资本主义社会，认为后者不仅把日常生活的特征变成了"商品"（Commodities），还培养了一种对于产品和体验（这些产品和体验可供人们购买和消费）的虚假欲望。

景观

资本主义把生活变成了一种"景观"，其中，传统的人际关系被它们的表象取代。因此，消费主义社会通过广告、大众传媒和大众文化等手段，创造了一种反映并强化了阶级差别的"景观"，让我们透过已被物质化了的意识形态视角来看待他人。

被麻醉的观众

因此，情境主义的目的就是通过各种手段，将被麻醉的观众从现代消费主义社会强加予他们的景观中"唤醒"（Wake up）。这些手段包括：异轨，或者是现在所说的"反广告行动"（Adbusting），即破坏广告牌和广告板，从而颠覆它们的信息；漂移，即为了商业利益以外的其他目的而在公共场所闲逛或占据公共场所的行为，此举意在使参与者产生一种更真实的情感和理智体验，简言之就是创造出一种情境。

革命

这一切的最终目标是革命——情境主义运动几乎实现了这一目标，它推动了1968年5月的巴黎骚乱事件，当时示威者几乎推翻了戴高乐政府。这一目标之所以未能实现，部分原因可能是情境主义（德波本人拒绝这一标签）本身逐渐被商品化了，并最终沦为了又一种写在书中的"主义"……

知识

柏拉图对知识的定义曾在长达两千多年里占据了主导地位，直到埃德蒙德·盖蒂尔（Edmund Gettier）揭示出其中的一个重大缺陷。

- 姓名：埃德蒙德·盖蒂尔
- 生卒年份：1927—2021年
- 国籍：美国
- 学派：分析哲学
- 主要著作：《受辩护的真信念就是知识吗？》（*Is Justified True Belief Knowledge?*）
- 主要贡献：认识论

知识定义的三要素

柏拉图在《泰阿泰德篇》(*Theaetetus*)中提出知识所需的三个要素：知识必须被有意识地主张或表达，必须足够合理，必须是真的。我们不能认识假的东西，不能认识没有证据支持的东西，不能认识永远不会发生在我们身上的东西。

（三角形图：信念 / 合理 / 真实 — 中心：知识）

盖蒂尔问题

埃德蒙德·盖蒂尔挑战了这一观点，他提出了一个例子，该例子虽然符合柏拉图的知识标准，但我们不会把它归为知识。例如（我们将对盖蒂尔的例子进行简化和改编），假设吉姆和蒂姆在你工作的地方求职。通过一个基本上值得信赖的渠道，你听到两条流言：吉姆将得到这份工作；而那位成功的求职者戴着金表。因此，你相信"得到这份工作的人会戴着金表"。然而，这个流言是假的（至少部分是假的）：实际上，蒂姆得到了这份工作——但是，事实证明，在此之前你并不知道他也戴着一只金表。

假信念

（图：蒂姆 吉姆）

问题在于，你似乎持有一种真实的、受辩护的信念（"成功的求职者将佩戴一块金表"），而大多数人都不会将这种信念称为"知识"（Knowledge）。这是为什么呢？你可能会说，"我相信吉姆会得到这份工作"这个信念是假的，但是根据柏拉图对知识的要求，你的知识并非不能从假的支持性信念中推断出来。你关于吉姆戴着金表的信息也是无关紧要的，而蒂姆戴着金表不过碰巧是事实罢了。真正重要的是，这个信念是真的，并且你可以证实（这是基于你的"通常值得信赖的来源"）。那么，莫非错的是柏拉图？

作者之死

传统的文学批评家认为,作者的意图是解读文本意义的关键所在;而罗兰·巴特(Roland Barthes)则认为这实际上是无关紧要的。

- 姓名:罗兰·巴特
- 生卒年份:1915—1980年
- 国籍:法国
- 学派:结构主义
- 主要著作:《作者之死》(The Death of the Author)、《神话学》(Mythologies)、《文本的快乐》(The Pleasure of the Text)
- 主要贡献:美学、社会理论

上帝作者

巴特认为,当我们想要根据作者表面上的意图,去明确地解读一篇文学文本时,我们实际上在做一些毫无根据的假设。首先,我们假设自己可以找出这些意图。但是,难道我们真能肯定地说出巴尔扎克或其他作家所说的某句话是什么意思吗?此外,这无疑也假定了我们所研究的那位作者在创作时的确带有明确的意图。因此,巴特认为,这种方法将作者奉若神明,仿佛他是从天上给我们传递信息,而文学批评本身几乎就成了某种神学。

书写者

巴特在提出作者之死时,不仅拒绝了上述关于文本解读的方法[这种方法被称为"意图谬误"(the Intentional Fallacy)],也不认为某一文本可以有一个"权威的"或"作者的"意义——巴特在这里一语双关,"权威"(authoritative)一词中包含着"作者"(author)的含义。相反,巴特认为文本是由多个层次的意义构成的,并且文本的生产涉及了多方面的力量(如社会、文化、历史、心理等方面的力量)。因此,作者只是书写者,是传递这些力量的手段。

多重意义

除此之外,每一位读者都会从一篇文章中引申出自己的主观见解,而每一次阅读实际上都是在创造一个新的文本、给出一个新的视角。考虑到所有这些因素,我们凭什么还要将优先地位给予某种解释呢?

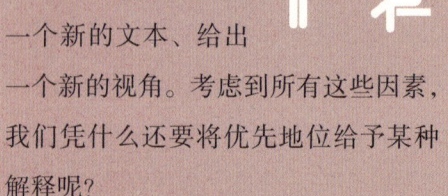

当代哲学

缸中之脑

怀疑论者认为我们无法知道何为真实，而"缸中之脑"（the Brain in a Vat）这个思维实验用技术性的术语更新了这一传统观点。

- 姓名：希拉里·普特南（Hilary Putnam）
- 生卒年份：1926—2016年
- 国籍：美国
- 学派：分析哲学
- 主要著作：《缸中之脑》（Brains in a Vat）、《意义与所指》（Meaning and Reference）、《表象与实在》（Representation and Reality）、《心灵、语言和实在》（Mind, Language and Reality）
- 主要贡献：形而上学、认识论、心灵哲学

唯我论

从庄子到笛卡尔及以后的哲学家，他们都在思考这样一个问题：我们如何判断自己所感知到的世界是客观存在的呢？或者，世界会不会只是对我而言才存在（唯我论）的某种幻觉呢？唯我论成立的可能性似乎微乎其微，但要从逻辑上来排除这种幻觉其实极为困难。

缸中之脑

技术骗局

美国哲学家吉尔伯特·哈曼（Gilbert Harman，出生于1938年）没有像笛卡尔那样主张世界可能是一场梦，或是一个恶魔为我们设的骗局，而是让我们想象：我们其实是被置于一缸化学物质中的无实体大脑，连接着一台提供电信号的计算机，这台计算机使我们相信自己正在经历着现实，但这其实不过是模拟出来的幻觉［就像在电影《黑客帝国》（The Matrix）中描述的那样］。我们能揭穿这个骗局吗？有没有可能你的生活就是这样一场骗局，而你却懵然不知呢？

指称因果论

希拉里·普特南认为，其实我们有办法驳斥这种怀疑主义。如果我认为"我是缸中之脑"，那么"大脑"和"缸"这两个词就必须指称（并且二者分别由实际的"大脑"和"缸"所引起）实际的大脑和缸，唯有如此，这个命题才会是真的。但如果我真的是缸中之脑，那么我所学到的、用来指称这些事物的词语就与实际的大脑和缸无关，只是与这些物体的虚假模拟物有关。所以，鉴于语言所具有的这种运作方式，"我是缸中之脑"必定是一个假命题。

功能主义

功能主义者（Functionalism）进一步发展了行为主义者对心灵的研究方法，认为心灵不过是一个输入和输出的系统。

黑匣子

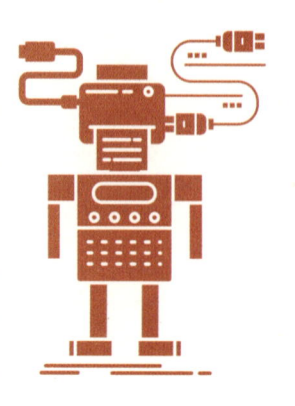

鉴于行为主义所导致的种种问题，一些哲学家提倡用一种更为复杂的理论取而代之，这种理论不再简单地把心灵视作潜在的或实际的行为，而是将其视作像计算机一样的信息处理系统。把信息输入这个系统，它就能输出内容。然而，与行为主义一样，这台机器"内部"究竟发生了什么，其实并不重要；它几乎可以被视为一个神秘莫测的"黑匣子"（Black Box），重要的是这台机器的运作方式。

问题

虽然功能主义当前仍然是一种流行的观点，但它也存在一些众所周知的问题，普特南本人后来也对其进行了批判。其中最重要的一个问题是，我们不能简单地从功能的角度来看待心理的现实——黑匣子里发生的事情不仅仅是功能性的。

多重可实现性

这种观点产生的一个有趣结果就是：它催生了多重可实现性概念。此概念是由希拉里·普特南率先提出的，指的是：如果心灵仅仅是一个输入和输出的集合，像处理系统那样发挥作用，那么这些部分由什么材料（可以是生物细胞、微芯片，或者其他什么东西）构成其实并不重要。例如，在《星际迷航》（*Star Trek*）和其他科幻小说中，我们就能看到这个概念的应用：联邦星舰企业号的船员们遇到了"非碳基生命形式"，这意味着"生命"能够以多种方式实现。

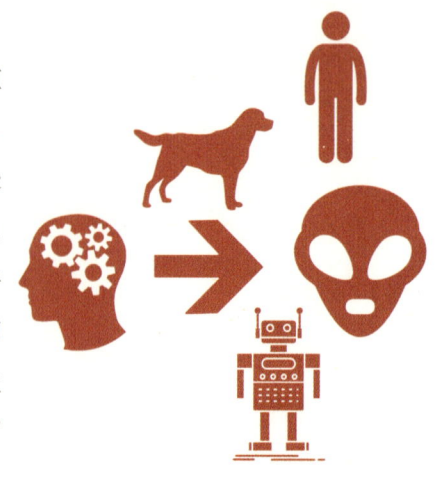

无知之幕

约翰·罗尔斯（John Rawls）认为，只有当制定规则的人可以忽视自身的个人特点和克服固有偏见时，一个真正正义的社会才能实现。

- 姓名：约翰·罗尔斯
- 生卒年份：1921—2002年
- 国籍：美国
- 学派：分析哲学
- 主要著作：《正义论》（*A Theory of Justice*）
- 主要贡献：伦理学、政治哲学

背景偏见

然而，不管这些统治者有多么的明察善断、经验丰富、训练有素，他们仍然带有特定的个性、价值观和态度——这些特定的个性、价值观和态度是由他们的成长经历、宗教信仰、性别、种族、经济背景等因素决定的。所以，不管我们有多么的好心好意，这些特征都会（通常是以无意识的方式）影响我们的决定，继而产生偏见。

哲学王

一个社会的规则和法律往往是由社会中的长者把持的，这些长者通常是智者和博学者，是从经验中受益的人，或者是已在专业中身处高位的人。正如柏拉图所说，为了创造一个体现正义和公平原则的社会，它的统治者（柏拉图所谓的"哲学王"）就应该具备所有最优秀的品质。

原初地位

为了避免这种情况，罗尔斯要求我们想象某种社会的法律，它们是由不具备上述特征的个人所创造的。用罗尔斯的话来说，这些个人藏身于"无知之幕"（a Veil of Ignorance）背后，然后决定不同的人（不考虑个人所具有的特征）应当得到何种待遇。正如霍布斯的自然状态那样，这个原初地位并不是一个实际的解决方案，而是一个假设的场景，它旨在揭示正义的应有之义。作为一名立法者，我所制定的法律必须适用于每一个人，无论我是黑人还是白人，男性还是女性，同性恋还是异性恋，或者其他可以对我进行定义的特质。如果柏拉图的哲学王们是机器人，那么他们还会如此热衷于理想国吗？只有通过这种"无知"，我们才能创造出一个真正公平正义的社会。

范式转移

托马斯·库恩（Thomas Kuhn）反对这样一种观点：科学是通过证实或证伪假说而逐渐进步的；相反，他认为科学在不同的范式（Paradigm）之间发生了急剧的转移。

- 姓名：托马斯·库恩
- 生卒年份：1922—1996年
- 国籍：美国
- 学派：分析哲学
- 主要著作：《科学革命的结构》（The Structure of Scientific Revolutions）
- 主要贡献：认识论

不可通约性

天文学曾经历过从托勒密的地心说（地球是宇宙中心）向哥白尼的日心说（地球绕太阳运行）转移的过程，库恩以此为例来说明他的观点。他认为，这两种范式极为不同，支撑它们的原则也极不一致，代表着两种完全不可通约的世界观。这就好比他们说的是不同的语言，因此不太可能对两者进行完全精准的翻译。

解决问题

当一种范式被广泛接受时，科学家们就能专注于库恩所谓的"常规科学"（Normal Science）。常规科学是指将大理论应用于小问题和小困惑的解决之中，从而促进技术的进步。只有当一个系统不再能够提供这种框架时（当它抛出太多的反常现象时），它才不再有用，而科学家此时会放弃它，转而使用另一个前景更佳的系统来解决新的问题。

反常

那么，到底是什么导致了一种范式向另一种范式的转移呢？事后看来，我们很容易假定日心说更为"合理"，因为它"更好"地解释了各种事件。的确，随着人们积累了越来越多关于行星运行的信息，继而发现了越来越多的反常现象（Anomalies），导致托勒密体系变得越来越复杂、越来越笨拙。但这并不意味着它必定是"错误的"，宇宙可能只是以这种方式在极为复杂地运行着。相反，库恩认为，反常现象越来越多，这使某些科学家对用托勒密体系解决科学问题的能力丧失了信心。

权力与监视

米歇尔·福柯（Michel Foucault）认为，社会成员是由社会制度和语言固有的价值观和权力关系所塑造和控制的。

- 姓名：米歇尔·福柯
- 生卒年份：1926—1984年
- 国籍：法国
- 学派：大陆哲学［后结构主义（Post-structuralism）］
- 主要著作：《疯癫与文明》（Madness and Civilisation）、《规训与惩罚》（Discipline and Punish）、《性史》（The History of Sexuality）
- 主要贡献：政治哲学、社会理论

大禁闭

福柯在其早期关于疯癫的著作中认为，"疯癫"（Insanity）不是一个自然的概念，而是一个由各种社会力量建构而成的概念。在17世纪至19世纪所谓的"理性时代"（Age of Reason）期间，"大禁闭"（the Great Confinement）为那些表现出各种越轨行为的人贴上标签，并将他们监禁起来，从而创造出一类"精神病"患者，而这也反映了那种更为严格的"理性和精神正常"的新标准。

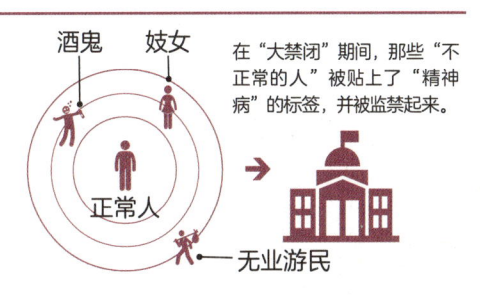

在"大禁闭"期间，那些"不正常的人"被贴上了"精神病"的标签，并被监禁起来。

权力意志

这并不是说"疯癫"或"精神病"不存在，而是说这些概念的意义和应用是由社会建构的，因此既不客观也不固定。受尼采权力意志观念的影响，福柯试图说明这些概念和观点反映了当权者的价值观。

全景监狱

福柯理论中非常有趣的一点是，政治和社会权力不是公开的，而是"埋藏"在构成社会的政治、科学和文化结构中。在一部关于犯罪的后期著作中，福柯用杰里米·边沁的"全景监狱"（Panopticon）来比喻这种类型的控制，所谓的全景监狱是一座"理想的"监狱，在那里，犯人受到中央警卫塔的监视。然而，这种"监视"（Monitoring）不是直接实施的，而是以另一种方式进行的——看守隐藏起来，所以囚犯永远不会知道自己什么时候受到监视、什么时候没有受到监视。福柯暗示，同样地，权力结构并不总是采用直接的手段，而是鼓励我们"监视"和监督自己，这是由于我们已经内化了那些价值观和概念（我们曾就如何应用这些价值观和概念接受了规训），以便适应社会的功能要求。

性

福柯反驳了传统上普遍接受的"压抑假说"（Repressive Hypothesis），认为性与其说是被"压抑"的，不如说是由性话语的兴起所"创造"和塑造的。

压抑假说

赫伯特·马尔库塞（我们已在前面讨论过）等哲学家认为，性压抑是伴随资本主义产生的，资本主义需要创造出易受摆布的工人和消费者，而他们的性欲成为各种商业目的的利用对象，这种控制直到最近才有所缓解。

忏悔室

相反，福柯指出，实际上，当所谓的性压抑兴起时，性科学研究也会同时得到发展。从这个意义上说，虽然我们通常认为维多利亚时代是一个性压抑的时期，因为性在当时是一个禁忌的话题，但实际上，当时的医生、教育工作者和立法者对性问题的关注度是有所提高的。这些职业本身只是神父的世俗化，而忏悔者被迫向他们坦白自己一生中最私密的种种细节。

性正常

保守派哲学家，如罗杰·斯克鲁顿（Roger Scruton，1944—2020）反对福柯的观点，他认为存在着一种"正常的"或"道德上可以接受的"性，而同性恋行为甚至某些形式的自慰都属于变态行为，这些变态行为反映出一种无法真正与"他者"交融的（斯克鲁顿认为这是性成熟的特征）、自恋的失败。福柯把性别和性取向看作是社会力量的产物，而斯克鲁顿则把它们看作是生物学的规定。

被建构的性

因此福柯认为，在这一时期，医学、教育和法律实际上都创造并塑造着"性"（Sexuality）。如此一来，对福柯来说，性行为和"性取向"（Preference）就不是个人的固有属性，也不可能是由生物学所规定的，而是由社会所建构的，因此在不同的文化和时期中表现出不同的形式。

… 当代哲学

堕胎

朱迪思·贾维斯·汤姆逊（Judith Jarvis Thomson）认为，即使胎儿拥有天赋的生命权，这一权利也通常会被女性对自己身体的所有权取代。

姓名：朱迪思·贾维斯·汤姆逊

生卒年份：1929—

国籍：美国

学派：分析哲学

主要著作：《为堕胎辩护》（*A Defense of Abortion*）

主要贡献：伦理学、形而上学

著名的小提琴家

假如当你醒来时，发现自己躺在病床上，身上插着各种各样的管子，管子那头连接着一位著名的小提琴家。原来他在未经你同意的情况下，正在使用你的肾脏（他的肾脏已经衰竭，并且你们都拥有同一种极为罕见的血型）。难道你不会感到被侵犯或愤怒吗？这时，即使他会死，想必你也会马上切断与他连接的管子吧，这毕竟是你的身体啊！基于同样的理由，我们也应该允许人们堕胎。

疯长的孩子

假设你和一个极速疯长的孩子被困在同一间房子里［想想《爱丽丝梦游仙境》（*Alice in Wonderland*），你总有一天会崩溃的。那么你有权向他人寻求帮助，要求停止这一切吗（即使这会导致孩子的死亡）］？在这个例子中，房子代表着女人的身体，外界的帮助代表着药物流产。汤姆逊重申，堕胎是妇女对自己身体（她拥有这所房子）权利的延伸。

人类种子

最后，空气中飘浮着"人类种子"（People-seeds），如果它们进入你的房子，就会长大成人。想要这些种子的人会打开窗户；不想要的人会关上窗户，或在窗户上放一个滤网，以便享受新鲜空气。如果有一颗人类种子从滤网中钻了进来，那么房主是否应该被剥夺移除它的权利呢？人类种子与滤网的关系既是如此，那么胎儿与避孕的关系亦然。女性同意进行性行为（开窗）并不等于同意怀孕。正如这三个思想实验所表明的那样，撇开所有琐碎的原因，汤姆森认为，女性应该享有堕胎的权利。

宗教语言

安东尼·弗卢（Antony Flew）将逻辑实证主义的循证方法与卡尔·波普尔（Karl Popper）的证伪主义相结合，认为宗教语言和信仰在很大程度上是没有意义的。

姓名：安东尼·弗卢
生卒年份：1923—2010年
国籍：英国
学派：分析哲学
主要著作：《无神论的假定》（The Presumption of Atheism）、《神学与证伪》（Theo logy and Falsification）
主要贡献：宗教哲学

看不见的园丁

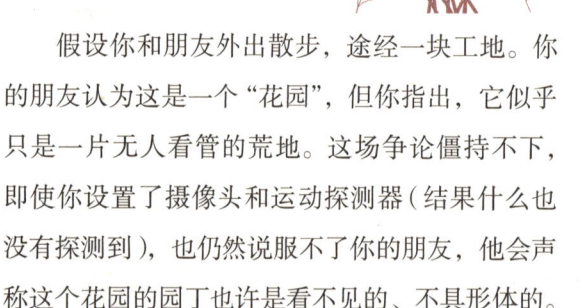

假设你和朋友外出散步，途经一块工地。你的朋友认为这是一个"花园"，但你指出，它似乎只是一片无人看管的荒地。这场争论僵持不下，即使你设置了摄像头和运动探测器（结果什么也没有探测到），也仍然说服不了你的朋友，他会声称这个花园的园丁也许是看不见的、不具形体的。此时你的朋友是否丧失了理智呢？

意义和证伪

弗卢在这里所指的是宗教语言和信仰。如果一个信徒说，"上帝爱我们"，一个无神论者可能会提出种种邪恶和悲剧作为反例，并称这些显然得到了全能之神的允许。这难道不是证明了上帝之爱是假的吗？这位仍然坚信不疑的信徒与那位"看不见的园丁"的倡导者极为相像。但是，如果不存在任何相关的证据，这种宗教断言岂不是毫无意义吗？

真正的苏格兰人不会说谎

弗卢借用"真正的苏格兰人不会说谎"这个例子，提出了一个相关的观点。如果有人断言："苏格兰人不说谎"，即使其他人向他们展示了相反的证据，他们仍然可以断言："真正的苏格兰人不会说谎"（这表明他们所说的那个人并不是"真正的"苏格兰人）。在"花园"和"苏格兰人"这两个例子中，弗卢均主张：有意义的断言一定是可以被证伪的。但难道我们也必须以这种方式来解释宗教语言吗？或许更确切地说，宗教语言是对价值的表达，或是对生活的诗意回应。即使宗教不能被证伪，也并不代表它是毫无意义的，而只是被列入到艺术、伦理及其他"非科学"相关的领域之中。

解构

解构主义者认为,任何将单一视角提升为"真实"的尝试,都会导致一种对"实在"片面的、自相矛盾的解释。

姓名:雅克·德里达(Jacques Derrida)

生卒年份:1930—2004年

国籍:法国(出生于阿尔及利亚)

学派:后现代主义(解构主义[Deconstruction])

主要著作:《论文字学》(*Of Grammatology*)、《书写与差异》(*Writing and Difference*)

主要贡献:形而上学、认识论、语言哲学、美学

悬疑

解构主义运动经常与后现代哲学家雅克·德里达和保罗·德曼(Paul de Man,1919—1983)联系在一起,这场运动可以被看作是对"我们能够采取一种对任何主体而言均属权威的立场"这一假设的反驳。一个单一的叙述总是片面且偏颇的,其中包含了疑点(即盲点或无法解决的难点)、偏见或矛盾,这些往往是叙述者自身意识不到的。

言语与书写

德里达通过对语言的解释来支持这种观点。他指出,在西方的理性传统中,书写常常被描绘成言语的"穷表亲"——书写不过是言语的、一份记录。但是,德里达认为,这样的区分实际上代表了西方思想中一种更深层次的倾向,即把事物一分为二,并总是暗示着其中一方比另一方优越。因此,柏拉图强调理性而贬低欲望;笛卡尔将与身体相分离的心灵视为确定性的源泉,身体则受其怀疑。与此相反,德里达试图表明,我们不仅不能将实在按照二元对立的方法来划分,而且当我们做出这种划分时,还扭曲了被排斥一方的本质,从而贬低了它。

自由游戏

但我们在否认哲学权威的同时,不也在贬低德里达吗?德里达并不同意这一说法,而是主张他并没有提出自己的观点,只是"解构"了别人的观点——揭示了语言的"自由游戏"(free play)。通过提供不同的语境、不同的联想,哲学家试图强加进来的固定意义就被语言自身的本质破坏了。

反实在论

反实在论者（Anti-realists）所否认的观点是：哲学的目的在于真实地描述一个独立于心灵的世界，就像一面能够反映实在的镜子。

姓名：理查德·罗蒂（Richard Rorty）
生卒年份：1931—2007年
国籍：美国
学派：新实用主义（Neopragmatism）

主要著作：《哲学与自然之镜》（*Philosophy and the Mirror of Nature*）、《实用主义的后果》（*Consequences of Pragmatism*）、《偶然、反讽与团结》（*Contingency, Irony and Solidarity*）
主要贡献：认识论、伦理学

符合论

贝克莱的观念论（我们在前面讨论过）反对所谓的"真理符合论"（the Correspondence Theory of Truth）——即我们的知觉、信念和判断的真假取决于它们是否与现实相符。但是，若诚如贝克莱所言，我们永远无法"超越"自己的思维和知觉，那么我们就永远无法直接触及一个独立于心灵的现实，也无法将这一现实与我们的知觉、信念和判断进行比较。

新实用主义

据说美国哲学家理查德·罗蒂提出了一种更激进的反实在论（Anti-realism），他将后现代主义与C. S. 皮尔士（C. S. Peirce）的实用主义结合了起来。罗蒂的新实用主义认为，思想和语言不是世界的表象，而是（如皮尔士所认为的那样）与世界打交道的工具。正如后现代文学批评家否认任何权威性的文本解读、转而接受不同语境和主观反应的影响那样，罗蒂也认为，那种独立于多种可能的主观观点的"真实"现实是不存在的。若果真如此，那么最能够推进某个特定目的的观点，就是最"真实的"观点。

各种反实在论

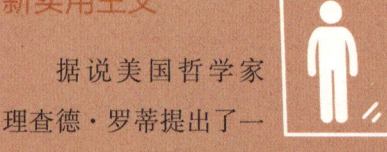

这一结论是反实在论的基础，而这种理论有多种表现形式。道德反实在论者会认为，在社会习俗之外，不存在任何真实的、独立的伦理规范。科学反实在论者会主张，科学并不为我们提供一副有关世界实际运作方式的"写真"，而只是帮助我们去预测和操纵这个世界。此外，尽管有些哲学家认为反实在论隐含着怀疑主义，但这并不是必然的，对反实在论的非怀疑主义应用可以在康德和维特根斯坦等不同哲学家的思想中找到。

当代哲学

信仰

哲学家和神学家在如何定义宗教信仰方面存在着分歧，有些人甚至认为，在完全没有证据的情况下，宗教信仰也是可以维持的。

- 姓名：阿尔文·普兰丁格（Alvin Plantinga）
- 生卒年份：1932—
- 国籍：美国
- 学派：分析哲学
- 主要著作：《上帝与他心》（God and Other Minds）、《基督教信念的知识地位》（Warranted Christian Belief）
- 主要贡献：宗教哲学

经证明的信仰

如前所述，阿奎那认为理性可以在一定程度上帮助信徒将信仰合理化；威廉·詹姆斯认为理性深受非理性因素的影响；而帕斯卡和克尔凯郭尔则在不同程度上认为信仰独立于任何理性的证明。

改革宗认识论

阿尔文·普兰丁格提出了一种稍有不同的方法，他认为，即使没有足够的证据或理由，对上帝的信仰也依然可以是理性的。普兰丁格使用了一种被称为"改革宗认识论"（Reformed Epistemology）的方法，认为如果我们的认知能力正常发挥功能（我们既没有发疯，也没有生病），信仰是可以得到保证的，而且这些能力也适合用来形成真正的信仰（如果我们能将理性视为可靠的向导）。

基本信念

简单来说，普兰丁格的论证如下：如果宗教信仰能够成为普遍合理且一致的世界观的一部分，那么即使没有确凿的证据来支持它们也没有关系。从这个意义上说，这些信念可能不需要外部的理由，并且可以被视作适当的基本（基础）信念。基本信念是为我们所依赖的却又无法证明的信念——比如我们对于"世界存在于现实中，这并非是我们的梦境"的假设。

信仰主义

有人认为，这种观点的问题在于：它似乎能使宗教信仰不受理性论证的影响，而仅仅凭借信仰本身就能得到确证［这就是所谓的"信仰主义"（Fideism）］。但是，从这个意义上说，宗教信仰和我们对外部世界的信念又有什么不同呢？

中文屋

尽管许多哲学家对心灵的计算机模型表示同情，但约翰·塞尔认为计算机和大脑之间存在着根本的差别。

姓名：约翰·塞尔

生卒年份：1932—

国籍：美国

学派：分析哲学

主要著作：《心灵的再发现》（The Rediscovery of Mind）、《社会实在的构造》（The Construction of Social Reality）

主要贡献：心灵哲学、形而上学

说中文

假设你身处一个两端各有一个舱口的房间里。一条传送带将写有中文字符的纸条从一个舱口传进来；你手上有一本书，通过书中内容的比对，你知道应该将哪些对应的中文字符从另一个舱口送出去。那么，这代表了你在说中文吗？

规则与意义的对立

约翰·塞尔，以及大多数人都会对此做出否定的回答。你只是在盲目地遵守规则而不是在说中文。但如果对人类来说是这样，那将这一条件应用于计算机时又如何呢？人工智能是由算法驱动的，算法只是指令集：即如果是这种情况，就要采取相对应的行动。这些算法可能非常复杂、巧妙，但是机器无需在"理解"的基础上去执行。事实上，塞尔认为，机器永远无法做到我们所说的"理解"。从一种较弱的意义上说（也就是所谓的弱人工智能），它们会"思考"；但从完全的、有意识的意义上说（强人工智能），它们不会思考。但这到底是为什么呢？

感受质与意向性

人工智能与人类智能有两个关键区别，即感受质（Qualia）和意向性（"意向性"已在上文讨论过，"感受质"将在下文探讨），而后者与本节内容最为相关。当我提到某事或想到某事时，是带有某种意图或意义的。这就说明了为什么我上文提到的"说中文"实验只是一场空洞的表演。如果有人问我："你今天要做什么？"我回答："我要去公园听音乐会。"，我的这句话背后包含着感觉、联想、欲望。正是由于计算机是基于规则的、无意识的机器，因此它们并没有（或许也不可能有）这种感觉和意图。人类的语言和思维不仅是在遵循规则，人工智能将永远无法拥有真正的自我意识。

父权制

构成第二波女性主义的一个核心观点是：男女不平等根植于社会本身的结构中，这种结构的塑造和维持是为了维护父权制下的男性利益。

- 姓名：凯特·米利特（Kate Millet）
- 生卒年份：1934—2017年
- 国籍：美国
- 学派：女性主义（Feminism）
- 主要著作：《性别政治》（Sexual Politics）
- 主要贡献：政治哲学、伦理学

性别政治

父权制（Patriarchy）是一种由男性主导的社会或组织，在这种社会或组织中，男性被赋予了比女性更多的权力和更高的地位。美国女性主义作家、活动家凯特·米利特在其开创性的著作《性别政治》中分析了西方社会和文化中的父权制本质，指出女性的次等地位不是基于某种天生的生理劣势，而是基于一种为了服务男性利益而维持的价值体系。换言之，这种不平等是文化导致的，而不是生理导致的。

菲勒中心主义

因此，米利特认为，即使是像这样的文学知识分子——他们敢于挑战性的拘谨和伪善，因而通常被认为是革命的——在许多方面仍然是反动的，尤其是在两性之间的关系方面。在推进男性中心世界观的过程中，他们也像其他女性主义者所说的那样是菲勒中心主义（Phallocentric）的（这是一个源自精神分析学的术语），在这个世界中，女性的主要作用仍然是帮助男性去实现他们的野心。

文学沙文主义

米利特在阐述她的观点时，将矛头对准了20世纪男性文学的标志性人物，如诺曼·梅勒（Norman Mailer）、D. H. 劳伦斯（D. H. Lawrence）和亨利·米勒（Henry Miller）等。例如：她注意到梅勒笔下的女性角色往往会遭受随机的暴力和凌虐，而劳伦斯尽管拥护性解放，却仍然保有传统的性别角色，因为他将焦点聚焦在男性的性欲及满足感上。米利特尤其鄙夷精神分析学之父西格蒙德·弗洛伊德，因为他否定了女性对提高自身地位和权利的诉求，并将其表述为"阴茎嫉妒"（Penis Envy）——所谓的"阴茎嫉妒"是女性童年发展的一个阶段，在这个阶段中，她们因自己没有男性生殖器官而感到焦虑。

感受质

托马斯·内格尔（Thomas Nagel）曾提出过一个颇具影响力的思想实验，他在其中主张"对心灵本质进行解释"的这种要求所面临的问题，远超以往唯物主义哲学家的想象。

- **姓名**：托马斯·内格尔
- **生卒年份**：1937—
- **国籍**：美国
- **学派**：分析哲学
- **主要著作**：《成为一只蝙蝠可能是什么样子？》（What Is it Like to Be a Bat？）、《人的问题》（Mortal Questions）、《从无处看世界》（The View from Nowhere）
- **主要贡献**：心灵哲学、伦理学、形而上学

蝙蝠意识

成为蝙蝠是一种怎样的体验？内格尔实际上是想通过这一问题来突出另一个在当时并未得到重视的问题。如果我们设想自己也像蝙蝠那样活动（四处飞行，捕食昆虫），那么我们会遇到的问题是，蝙蝠的视力极其有限，它们主要通过回声定位来确定方位（即发出一连串的咔嗒声，并测量声音从附近物体返回所需的时间）。但这与人类的经验截然不同，以至于我们不得不承认，我们对于蝙蝠的体验一无所知。

感受质

意识的这些难以捉摸的方面后来被称为"感受质"：即伴随着知觉的特殊感觉和性质。典型的感受质包括气味、颜色、感觉——这些东西很难用语言表达，而且在某种意义上是私人的。但是，如果蝙蝠的感受质是我们无法想象的，那么这难道不意味着精神的感受质本身就代表着意识的某些不可确定的方面吗？内格尔暗示，唯物主义哲学无法解释这一点。

现象意识

基于内格尔的洞见，哲学家大卫·查尔默斯（David Chalmers）后来将意识分为两类：心理意识（Psychological Consciousness）和现象意识（Phenomenal Consciousness）。心理意识包括潜在的客观内容（如语言、计算等），这些内容可以在计算机上复现；但现象内容（Phenomenal Content）似乎仍然是难以捉摸的。

古典自由主义

自由主义哲学家罗伯特·诺齐克（Robert Nozick）认为，国家有义务尽可能少地干涉公民的自由。

- 姓名：罗伯特·诺齐克
- 生卒年份：1938—2002年
- 国籍：美国
- 学派：分析哲学
- 主要著作：《无政府、国家与乌托邦》（Anarchy, State and Utopia）、《哲学解释》（Philosophical Explanations）
- 主要贡献：政治哲学、认识论

小政府主义

在以赛亚·伯林（前面讨论过）的术语中，自由主义者优先考虑的是消极自由：即没有国家的干涉。因此，也许有点令人困惑的是，自由主义者既可以是左翼无政府主义者（Left-leaning Anarchist），即支持废除所有权、财产和国家本身；也可以是右翼小政府主义者（Right-wing Minarchist），即认为国家的唯一合法角色是保障所有权和自然权利。我们将在其他的章节讨论无政府主义，现在让我们先来看看罗伯特·诺齐克的小政府主义（Minarchism）。

分配正义

与诺齐克同时代的约翰·罗尔斯问道：如果在一个社会中，有些人拥有的比他们所需的更多，而有些人甚至缺乏基本的必需品，那么这样的社会能够被认为是公平的吗？因此，罗尔斯认为国家的义务是重新分配这些财富，以实现社会正义。

资格理论

然而，诺齐克对此提出了质疑：如果你的财富和资产是通过自身的才干、努力或精明的投资积累起来的，那么国家有什么理由向你征收更多的税，以便将你的财富重新分配给那些（或许）既无才干，又不勤奋，在投资方面也不谨慎的人呢？难道你没有资格享受自己的劳动成果吗？

公平的不平等

因此，诺齐克的资格理论认为，只要你的财产是通过正当、公平的手段获得、继承或购得的，那么国家从你手中夺走它就侵犯了你的自然权利。有些人比其他人拥有更多，这似乎不公平，但是，只要一切都公平公正地进行，就不是"不公平的"，至少不比"我比你长得高"，或者"你比我跑得快"更"不公平"。

快乐机器

罗伯特·诺齐克反对道德享乐主义（Ethical Hedonism）的观点（即认为人类只受快乐和痛苦的驱动），因为当我们面对一个完全幸福的模拟现实（Simulated Reality）时，我们仍会拒绝它。

模拟现实

诺齐克为了说明自己的观点，他要求我们做一个选择：要么生活在一个能够满足我们所有欲望的模拟现实中，但我们都知道这是假的；要么过一种平凡的生活，在这种生活中，我们有一些愿望或大部分愿望都得不到满足，但我们知道自己所获得的一切都是真实的。诺齐克认为，在这种情况下，我们都会选择拒绝这种快乐机器，因为幸福和满足不仅仅在于快乐。

红药丸与蓝药丸

所有看过电影《黑客帝国》的人都会发现，诺齐克所提出的选择实际上就是尼奥在蓝药丸和红药丸之间的选择，即在"模拟的满足"和"真实但可变的存在"之间的选择。你也许会很快做出选择，然后对人造的幸福感到厌倦。你也可能会认为，人造的现实和真实的存在是无法区分的。当你做选择的时候，你知道自己的体验将会是虚假的，但是当你沉浸其中的时候，你的快乐是可以真实感受到的。

有意义的体验

然而，诺齐克认为你仍然会选择现实。正如穆勒所说，人类不仅追求快乐，而且追求复杂的、令人愉悦的体验和成就。艺术家不仅仅想要名利，更想要得到他人的认可和创造性的满足，而这反过来又可能给他们带来名利（或其他形式的快乐）。最根本的一点是，我们作为人要想有所发展，就要获得对我们有意义的、令人钦佩的品质和特点（坚持、独创性、同情心）。这些也可能给我们带来快乐，但是缺乏它们，快乐本身就是空虚的——就像产生快乐的模拟体验一样。

当代哲学

僵尸

丹尼尔·丹尼特（Daniel Dennett）认为所谓的意识"难题"是不存在的，因为导致这一问题的感受质事实上并不存在。

- **姓名**：丹尼尔·丹尼特
- **生卒年份**：1942—
- **国籍**：美国
- **学派**：分析哲学
- **主要著作**：《意识的解释》（*Consciousness Explained*）、《达尔文的危险思想》（*Darwin's Dangerous Idea*）
- **主要贡献**：心灵哲学、宗教哲学

笛卡尔剧院

丹尼特批评了所谓的"笛卡尔剧场心灵观"（the Cartesian Theatre View of the Mind）。这一观点可以追溯至笛卡尔，根据这种观点，人们将心理体验想象成"一个袖珍的自我坐在屏幕前观看自己的感官经验、思想和精神印象"。

难题

因此，意识的"难题"——如何从定量的物理过程中产生定性的经验（感受质）——只是这个故事的另一部分。如此一来，感受质存在的可能性并不比我们"头脑中的小人"更大。

多重草稿

相反，丹尼特提出了他所谓的"意识的多重草稿理论"（the Multiple Drafts Theory）。丹尼特并不认为意识存在于某个中心位置，相反，他认为在神经系统中存在着一个不断扫描自身的过程，这一过程创造出了构成自我的多份"草稿"或"故事"。因此，自我并不是存在于某个地方的"东西"，而是一个过程，一种对自己的持续叙述。

哲学僵尸

反对这一观点的哲学家[如大卫·查尔默斯（David Chalmers）]坚持认为，假如感受质不存在的话，人就只是一具僵尸。但由于这样的想法在逻辑上是不连贯的，所以就不可能存在这样的"哲学僵尸"（像我们一样走路说话，但不具有定性心理状态的人）。丹尼特不同意这一观点，他认为由于感受质是神经系统制造出来的幻觉，因此我们实际上都是"僵尸"。

超现实

超现实的概念最常与法国社会学家让·鲍德里亚（Jean Baudrillard）联系在一起，他认为现代技术使人们无法区分真假。

- 姓名：让·鲍德里亚
- 生卒年份：1929—2007年
- 国籍：法国
- 学派：后结构主义
- 主要著作：《拟像与模拟》（Simulacra and Simulation）、《海湾战争并没有发生》（The Gulf War Did Not Take Place）
- 主要贡献：认识论、美学、形而上学

后结构主义

结构主义（我们之前讨论过）是这样一种观点：理解一种文化必须首先理解其基本结构，特别是由其语言、习俗和符号揭示出来的结构。然而，后结构主义者（鲍德里亚也许位列其中）以不同的方式反驳了这一观点。

符号交换价值

鲍德里亚最初受到了马克思的影响，对后者而言，事物具有使用价值。例如，开罐器能用来开罐头，因此具有价值。在资本主义制度下，事物的价值是按照它在市场上能够交换到的另一事物来衡量的。钱本身并没有什么价值（只是一些纸张或金属），但可以用来交换食物、衣服或其他具有使用价值的东西。鲍德里亚进一步指出，在现代消费主义社会中，事物的价值在于其符号交换价值，即对地位、世故和品位的表达。一件名牌服装除了具备保暖功能外，还以某种无法言喻的方式告诉其他人我们在社会中的地位。

镜厅

鲍德里亚后期的哲学又更进了一步。在一个消费主义的、技术的、媒体饱和的社会中，我们越来越像生活在一个符号的世界里。从开罐器到金钱，再到名牌服装，我们离现实越来越远，直到"现实"最终消失，并隐匿于我们所创造的符号世界及其价值观之下。这就是超现实：一个只有镜像，没有本体的镜厅（Hall of Mirrors），"现实"与"人造"、"真实"与"虚假"之间的区别也会最终消失。

当代哲学

远程传送装置

在一个著名的思想实验中，德里克·帕菲特（Derek Parfit）主张心理连续性不足以说明人格同一性。

姓名：德里克·帕菲特

生卒年份：1942—2017年

国籍：英国

学派：分析哲学

主要著作：《理与人》（Reasons and Persons）、《论最重要的》（On What Matters）

主要贡献：心灵哲学、伦理学

心理连通

帕菲特同意洛克的观点：由于拥有相同的记忆和性格特征，所以，纵然岁月变更，一个人在过去、现在和将来都为同一个人。然而，虽然这种心理连通（Psychological Connectedness，这种记忆和经历的重叠连通）可能会让"未来的我"成为和现在一样的人，但也有可能出现这样一种情况：这样的人可能不是唯一的我。

原子复制

帕菲特说：试想一下，有一个远程传送装置，可以扫描你的原子结构，并将这些信息传送到火星，在那里"你"是由火星原子重组而来的。它具有相同的记忆（拥有相同的物理性大脑状态），身体结构也是相同的，甚至每个毛囊和雀斑都分毫不差。那个人是"你"吗？

关系 R

人们通常认为，"你的存在"蕴含着唯一性，而这个传送装置会创造出两个"你"来，那么帕菲特的论证就可能被用来表明：如果我们只是某种物理原子结构，人格同一性这样的东西就不可能存在。我们所拥有的只是"关系R"（Relation R，按照帕菲特的术语）的持续存在，这是记忆和经验的一种特定结构，通过潜在的物理属性而持续存在。

心灵上传

类似的思想实验在科幻小说中屡见不鲜。超人类主义者希望有朝一日我们能够将思想复制并上传到电脑上，这种希望就类似于上述思想实验所设想的那种"复制"过程。但是，一旦这样的事情有朝一日成为可能，将会产生各种各样的问题——不仅是人格同一性的问题，还包括道德问题、法律问题以及涉及社会生活方方面面的问题。

非同一性问题

对于那些还不具备同一性的未来个体，我们也承担有一些义务，哲学家们在继续与这些义务进行斗争，因为无论在任何情况下，存在似乎总比不存在好。

功利的计算

这个问题〔分别由德里克·帕菲特、罗伯特·亚当斯（Robert M. Adams）和托马斯·施瓦茨（Thomas Schwartz）提出〕在于，即使是"好死"也不如"赖活着"。这似乎是一个奇怪的决定，但你宁愿选择从来没有出生，还是选择过这样一种生活——虽然偶有艰难困苦，却仍然值得一活？你可能会说："只要值得一活，那我就选择活下去！"

令人反感的结论

然而，面对日益严峻的人口过剩问题和环境危机，这样的论调似乎是在为"不作为"进行辩护。例如，如果我们试图控制全球人口，那么那些本来会出生的人实际上就不会存在了。不仅从他们的角度来看，而且从全球"幸福"的角度来看，世界都似乎变得更加贫穷了。因此，采用这样一种功利主义的计算方法似乎会使我们得出"令人反感的结论"（帕菲特的原话），即我们没有道德义务去解决这两个问题。

感人的观点

正如某些哲学家所说，上述问题的答案是——不要按照行为"对某人是好还是坏"来解释道德。如果你还记得前面讨论过的穆勒的伤害原则，那么道德的基础就在于某一行为是否对其他人有害。如果我们放弃"我们的行动可以造福或伤害未出生的人"的想法，那么也许我们可以问心无愧地去纠正人口过剩和气候变化问题。我们还可以选择放弃功利主义的计算，这使未来人们的生活几乎都是值得一过的。但是这两种选择都会带来进一步的问题。

当代哲学

取消式的唯物主义

取消式的唯物主义者（Eliminative Materialism）认为，对大脑的科学理解最终将取代我们用来描述心理状态的那些概念。

- 姓名：保罗·丘奇兰德
- 生卒年份：1942—
- 国籍：美国
- 学派：分析哲学
- 主要著作：《取消式的唯物主义与命题态度》（*Eliminative Materialism and the Propositional Attitudes*）、《理性的引擎》（*The Engine of Reason*）、《灵魂的座位》（*The Seat of the Soul*）
- 主要贡献：心灵哲学、认识论

科学的进步

随着科学的进步，我们已经"取消"了许多概念和解释，它们曾一度受人尊敬并被广泛接受，后来却被证明是毫无根据的或不必要的。例如"光以太"（the Luminiferous Ether），人们曾经认为这种物质弥漫在太空中，是光线传播的必要媒介。但当我们拥有了爱因斯坦的时空新概念后，以太这个概念就可以被丢弃了。

民间心理学

同样地，保罗·丘奇兰德（Paul Churchland）、帕特里夏·丘奇兰德（Patricia Churchland）以及丹尼尔·丹尼特（Daniel Dennett）等哲学家认为，一些诸如"信仰""欲望""恐惧"这样的日常观念，总有一天也会被更强大的相应的科学概念所取代。他们主张，这种普遍的观念构成了某种"民间心理学"（Folk Psychology），而这种心理学源于一些流行的、幼稚的、完全错误的观念——这种种观念是在人们对"何为心灵"以及"心灵如何运作"等问题进行思考时产生的。

各种理论

这无疑是一种激进的观点。诚然，很多人对世界持有错误的看法，但这种错误的世界观是否会扩展到我们用来描述自己及他人行为、信仰和欲望的概念上去呢？约翰·塞尔认为，日常心理语言实际上并不是"理论的"。当我说"我很痛苦"时，我并不是在提出一个可被证伪的理论；我实际上是在表达自己的感受，以便得到他人的帮助。此外，关于某种痛苦存在于何处以及它为何存在等问题，我可能会搞错，但我是真的感觉到了这种痛苦，这是确定无疑的。

情色制品

在当今许多国家中,人们对性的态度逐渐自由化,这使得"情色制品是否能够是道德的"这一问题日益受到关注。

- 姓名:凯瑟琳·A.麦金农(Catharine A. MacKinnon)
- 生卒年份:1946—
- 国籍:美国
- 学派:女性主义
- 主要著作:《未修正的女性主义》(*Feminism Unmodified*)、《迈向女性主义的国家理论》(*Toward a Feminist Theory of the State*)
- 主要贡献:伦理学、政治哲学

性剥削

对不同文化所认为的"情色"进行历史调查显示,人们对性和得体的态度截然不同,而且这种态度在不断地发生变化。然而,在某些激进的女性主义者看来,促进女性解放的自由力量也为妇女在法律和文化方面的性退化和性剥削开了绿灯,这一点就颇为讽刺了。此外,随着互联网和新媒体技术的出现,这样的内容现在传播得更广了,也很容易获取,因此几乎不可能被警察发现。

公民权利

美国法律学者凯瑟琳·麦金农强调,这一问题对女性主义而言变得日益重要,她与社会活动家安德里亚·德沃金(Andrea Dworkin)一道主张,情色制品应被视为对公民权利的侵犯,因为它通常涉及对妇女的折磨、羞辱、暴力和普遍的侮辱。此外,制作情色制品的商业动机往往会催生其他的非法行为,如贩卖人口和性虐待等。

性解放女性主义

与此相反,某些第三波女性主义者主张,现在所需要的不是通过立法使情色制品行业"重返地下",而要进行公开辩论。一方面,我们必须关注妇女受虐待、受剥削的情况;另一方面也要认识到"情色制品"甚至可以成为女性性行为中合法和健康的一部分。美国记者、活动家埃伦·威利斯(Ellen Willis,1941—2006)提出了"性解放女性主义"(Pro-sex Feminism)一词,他认为像麦金农和德沃金这样的女性主义者强化了"女性是男性性欲的被动受害者"的消极观点,而不是提倡女性去做自身欲望的积极参与者。

当代哲学

物种歧视

作为一个功利主义者，彼得·辛格（Peter Singer）发展了边沁的观点，认为动物的权利应该建立在它们承受痛苦的能力之上，而对它们的任何歧视实际上都是一种物种歧视（Speciesism）。

- 姓名：彼得·辛格
- 生卒年份：1946—
- 国籍：美国
- 学派：分析哲学
- 主要著作：《动物解放》（*Animal Liberation*）、《实用伦理学》（*Practical Ethics*）、《你能拯救的生命》（*The Life You Can Save*）
- 主要贡献：伦理学、动物权利

歧视

彼得·辛格认为，正如我们不应因性别或种族而区别对待某人一样，我们也不应仅仅因为动物与我们不是同一物种而歧视动物。这一论证颇为激进，它把动物置于与人类平等的道德基础上，并认为"动物不具备理性"这一断言是无关紧要的。

性别　种族　物种

伦理素食主义

持有这样的立场，似乎会使我们奉行伦理素食主义（Ethical Veganism），即主张动物不应被当作食物，不应被用在制衣、医学实验或娱乐等方面。然而，这一立场并没有使我们坚定地认为动物应该受到人类一般的对待。不同物种的需求各不相同：对人类而言是不道德的待遇（故意剥夺他们的衣服或住所）可能并不适用于牛、马等动物。

道德义务

当然，许多非功利主义哲学家并不认同这些观点。例如，英国哲学家罗杰·斯克鲁顿（Roger Scruton）认为，既然很多动物都不具备"道德行为"的能力，并且十分愿意将人类当作食物，那么我们就没有义务把它们当作平等的道德主体，因为它们没有能力去履行对我们的道德义务。这也使我们有理由去随心所欲地利用它们。当然，上述论证也引起了一个这样的问题：这种观点是否也应该适用于人类中的"违法者"呢？

161

有效利他主义

人们通常会将有效利他主义（Effective Altruism）与彼得·辛格和威廉·麦卡斯基尔（William MacAskill，出生于1987年）联系在一起，这种观点认为我们有义务尽可能多地给慈善机构捐赠，以减轻最多数人的痛苦。

战略性捐赠

尽管在大多数做个"好人"这一道德观念中，利他主义都是核心，但有效利他主义者认为，慈善捐赠应在战略上倾向于那些能对全球性的痛苦与苦难产生最大效果的事业。

后果

上述观点源自辛格和麦克希尔的功利主义。对于像康德这样的哲学家来说，判断一个行为道德与否不看它的后果，而是看它是否遵守道德法则。在这种情况下，无论是给慈善机构甲捐赠，还是给慈善机构乙捐赠，都没有区别（假设两者都是真正的慈善机构），因为这都是善行。然而，对于功利主义者来说，这种观点忽略了一种情况，那就是：如果采用更精明的方法，痛苦和剥削是可以减轻的。或许，与慈善机构乙相比，慈善机构甲的运作更好，或者致力于满足一种更大、更迫切的需求。因此，我们应该选择向慈善机构甲捐赠。

中立

这种方法可以得到的另一个结论是：慈善捐赠应该在动机、民族甚至（在辛格看来）物种方面都保持中立。不管受益的动机是什么，也不管这些人住在哪里，甚至不管他们是人还是动物，只要能带来最大的好处，那就去捐赠。如果与其他动机相比，你的钱对解决南极企鹅的困境最为有利，那么辛格认为你就应该把钱捐给企鹅，而不是捐给你附近的流浪汉。

收入

那么，你应该捐多少钱呢？辛格认为，只要不会导致自己陷入同等痛苦的状态，你就应该力所能及地捐献——对辛格来说，他应该捐出自己薪水的三分之一。

泛心论

如何解释定性（质）的心理属性，这是物理主义心灵概念所面对的一个难题，有鉴于此，一些哲学家提出，作为整体的物理宇宙具有心理属性。

姓名：大卫·查尔默斯（David Chalmers）	学派：分析哲学
生卒年份：1966—	主要著作：《有意识的心灵》（The Conscious Mind）
国籍：澳大利亚	主要贡献：心灵哲学

万物有灵论

意识并不专属于人类和某些动物，而是延伸到更广阔的物质世界中，这种观念自古就有。许多早期的宗教都是万物有灵论的，它们主张意识和意图不仅存在于岩石和树木中，也存在于自由飘荡的非物质精神中。

对等的哲学理论

然而，泛心论（Panpsychism，人们有时会用这个术语来指称万物有灵论）也拥有悠久的哲学传统，可以从柏拉图一直追溯到叔本华。在现代，托马斯·内格尔、大卫·查尔默斯以及最近的菲利普·戈夫（Philip Goff）等思想家都受到了这种思想的影响。

非涌现性

泛心论的一个关键特征是非涌现性（Non-emergence）。如果心理体验不能被还原为纯粹的物理属性，或者被解释为幻相，那么我们就必须解释它们是如何从无生命物质中"涌现"的。但是考虑到这样做的困难，我们是否可以假设这样的属性是非涌现性的，也就是说它们本身已经以某种方式存在于物质之中了呢？如果有意识的经验是真实的，并且"不能无中生有"，那么意识就必须拥有一个预先存在的基础。

微观与宏观

但这是否意味着跳蚤或者变形虫甚至岩石都是有意识的呢？澳大利亚哲学家大卫·查尔默斯认为，虽然在某种意义上，这些东西可能被认为具有主观经验，但细菌等事物只是以有限的方式拥有意识——它们具有查尔默斯所说的"微观现象意识"（Micro-phenomenal Consciousness），而人类的意识是"宏观现象意识"（Macro-phenomenal Consciousness）。通过这种区分，查尔默斯使生命和意识的定义双双得到了扩展，但在某种程度上，他还是试图用人类的术语来维护我们日常的假设——岩石仍然是岩石。

电车难题

菲利帕·福特（Philippa Foot）通过"电车难题"（the Trolley Problem）提出了一个伦理困境，突出了不同伦理学方法之间存在着的深层次分歧。

- 姓名：菲利帕·福特
- 生卒年份：1920—2010年
- 国籍：英国
- 学派：分析哲学
- 主要著作：《美德、恶习与其他道德哲学文章》（Virtues and Vices and Other Essays in Moral Philosophy）、《天然之善》（Natural Goodness）
- 主要贡献：伦理学、心灵哲学

双重效果学说

福特讨论了与堕胎相关的电车难题，她在其中关注的是双重效果理论（the Doctrine of Double Effect）：涉及可预见伤害的行为是可以被允许的，只要这种伤害不是直接蓄意的。如果堕胎挽救了妇女的生命，那么胎儿的死亡就是不可避免的间接后果。关键在于意图，而不在于后果。

蓄意为之而产生的后果　　间接但可预见的伤害

变道

福特设想了如下情景：轨道上有一辆失控的电车，如果电车司机保持原来的路线，就会导致五名在轨道上工作的人死亡；如果他变道，就会导致一个人死亡。他该怎么办呢？

意图和后果

这一困境说明了义务论（Deontology）和后果论（Consequentialism）之间的区别。义务论者认为夺走生命的行为总归是错误的，在改变轨道时，电车司机很清楚自己的行为会导致那个人的死亡。在这种情况下，就像在双重效果学说中一样，意图在道德决策方面是很重要的。然而，不采取行动不也是一种决定吗？后果论者会因此反驳双重效果，称后果比意图更重要，通过权衡后果，我们就能做出决定：无论是否有意，用一条生命来换五条生命都是正确的。

"并发症"

福特的思想实验最近在"我们应该在自动驾驶汽车中编入怎样的'道德系统'"这一问题上又重新受到了重视。尤其令人担忧的是（正如对当前辩论所作的调查显示的那样），对于如何正确地"解决"福特的困境，人们似乎还没有达成共识。

当代哲学

副现象主义

对身心交感问题的一种回应是，假设我们有意识的心理体验并不是导致结果的原因。

姓名：金在权（Jaegwon Kim）
生卒年份：1934—2019年
国籍：韩裔美国人
学派：分析哲学

主要著作：《意外性与心灵》（*Supervenience and Mind*）、《物理世界中的心灵》（*Mind in a Physical World*）、《物理主义或者似物理主义》（*Physicalism, or Something Near Enough*）
主要贡献：心灵哲学、形而上学、认识论

物理主义者的困境

根据哲学家金在权的说法，物理主义者面临着一个两难境地。要么定性的心理状态是不真实的（丹尼尔·丹尼特持有这种立场），要么它们的真实性必须作为某种心理体验的神秘事件来接受。

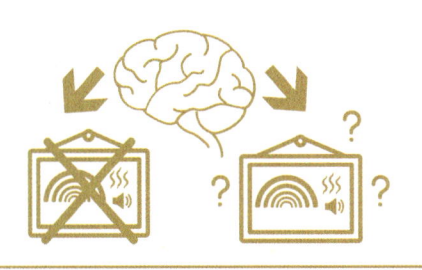

控制的错觉

金在权的解决方案是为一种副现象主义（Epiphenomenalism）辩护：虽然物质性的大脑是产生心理体验的原因，但我们的心理现实却没有作为原因的能力。这使我们能够以科学的方式来对待心灵（神经元通过物理因果关系相互影响），但这却是以牺牲心理控制为代价的：虽然这其中的缘由我们仍未知晓，但是心理事件不过是物理过程的一种副产品，只不过让我们产生了一种自我掌控的错觉。

两种语言

金在权早期曾为某种同一性理论进行过辩护，但他最终放弃了。大脑状态的语言并不是心理状态的语言，前者也永远不会等同于后者："这组神经元正在放电"的意思永远不能等同于"我觉得那辆车很好，但太贵了。"这两种语言存在着根本性的区别。但是，如果我们放弃将心理状态转化为大脑物理状态的尝试，并承认心理状态在某种意义上是"真实的"，这就削弱了物理性的大脑所起的作用：无论物理性的神经元如何行动，心灵都会按照自己的规则（行为、选择、喜好、感觉）行事——因此，我们又重新回到笛卡尔的二元论中去了。

社会性别

现代女性主义者区分了生理性别（sex）、性倾向（sexuality）和社会性别（gender），认为社会强加给我们的规范是为了限制行为和身份。

- 姓名：朱迪斯·巴特勒（Judith Butler）
- 生卒年份：1956—
- 国籍：美国
- 学派：后现代主义/女性主义
- 主要著作：《性别麻烦》（Gender Trouble）、《身体之重》（Bodies That Matter）
- 主要贡献：伦理学、政治哲学、形而上学

规范

如果我们区分生理性别（男人/女人）、性倾向（性取向）和社会性别（男性/女性），那么传统社会规范的作用就是让人们与这些范畴对应起来——女人应该是异性恋的女性，而男人应该是异性恋的男性。这些规范通常会吸引人们去遵守这些规范，并排除（或边缘化）不遵守这些规范的行为。

性别与行为

在以这种方式展开分析时，第二波女性主义者如盖尔·鲁宾（Gayle Rubin，出生于1949年）试图反驳"一个人的性取向、行为或身份应该由其生理性别决定"的观点。相反，对女性的所谓"正常"的期望是由文化、而不是由自然决定的，而且往往与为男性服务的理想相一致。"做一个好的家庭主妇"并不存在于女性的基因里。

表演性

第三波女性主义者、美国哲学家朱迪思·巴特勒同意这种差异是由社会决定的，但她进一步主张，所有这些概念（性别身份、性取向和生物性别）都是表演性的。她的意思是，这些角色是我们在文化上构建的"角色"（Roles），而这些角色是我们被迫接受和扮演的。因此，巴特勒认为，所有这些区分都没有终极的依据，我们不仅没有基本的性别身份，也根本没有核心的身份，这只是一场秀、一场表演；就连生理性别也仅仅是一种任意的二元区分，它只不过是我们所讲述的一个关于身体的"故事"，这个故事是在历史的进程中，从文化里演变而来的。

超人类主义

超人类主义（Transhumanism）主张：技术不仅能延长人类的寿命，而且能使人类超越其本身的意义。

- **姓名**：尼克·波斯特罗姆（Nick Bostrom）
- **生卒年份**：1973—
- **国籍**：瑞典
- **学派**：分析哲学
- **主要著作**：《你生活在计算机模拟中吗？》（Are You Living in a Computer Simulation?）、《超级智能》（Superintelligence）
- **主要贡献**：心灵哲学，伦理学

寿命延长

超人类主义者相信：在未来，科技不仅能治疗遗传病并根除其他疾病，还能在当前的基础上大幅延长人类的生命，甚至可能达到某种永生——可以采取生物学的手段（如基因工程、器官再生和移植、由"纳米机器人"来修复细胞），也可以采取技术植入的手段（如假肢移植、通过植入计算机芯片来增强心理和生理机能），或者采取纯粹的数字手段（如扫描大脑并将意识"上传"至主计算机）。

奇点

尽管上述假设看起来遥不可及，但像尼克·波斯特罗姆（Nick Bostrom）这样的超人类主义者主张：从当前科技发展的趋势来看，上述场景中至少有部分可能会逐渐成为现实——而且那一天的到来会比我们预期的还要早。在未来的某个时刻，计算机将可能自发地迭代出更智能的版本——此现象被称为"技术奇点"（the Technological Singularity）。这将创造出一个呈指数级增长的过程——这些更智能的计算机将能制造出愈加智能的版本——并且会无限地发展下去。

模拟假设

这种技术也将招致风险：这些超智能机器未来会协助人类，还是将我们变成它们的"电池"？波斯特罗姆论证道：假设人类子嗣得以延续，未来的人类将使用这种技术来模拟现在的场景——就像当今科学家为了还原尼安德特人的生活而采用的那种技术。但是，这种技术将强大到足以模拟意识本身。换言之，"存活"在模拟世界中的人会觉得他们自己是"活着的"。问题是，如果这个假设是可能的，而技术似乎也将不可避免地按照这种轨迹发展下去，那么我们怎么知道自己现在不是活在这样一个模拟世界之中呢？

术语表

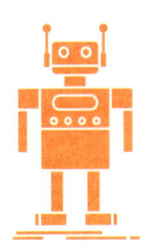

悲观主义(Pessimism)：一种认为"人的存在总体上具有一种消极性质"的普遍信念。(如叔本华)。

悖论(Paradox)：一种表面上合理，但实际上会导致自相矛盾的论证(如芝诺)。

辩证法(Dialectic)：涉及两种对立立场的辩论形式；在黑格尔和马克思哲学中，指的是一种推动历史进步的矛盾进程。

存在论(Ontology)：一个研究存在的本质和终极存在者的形而上学分支。

存在主义(Existentialism)：一场强调个人主观关切在哲学问题中之作用的20世纪运动。

道德实在论(Moral realism)：一种认为道德判断最终是指实在的独立属性的观点。

二元论(Dualism)：认为存在着两种基本物质(或原则)的信念；在心灵哲学中，指的是一种认为"心灵作为实体，是独立于物质实体或物质属性"的信念。

反实在论(Anti-realism)：一种否认我们的思想和知觉与客观现实相符的观点。

感受质(Qualia)：心理经验的主观方面(如气味、颜色)；也被称为"现象意识"。

功利主义(Utilitarianism)：一种认为道德行为是使幸福(快乐、偏好)最大化的理论。

功能主义(Functionalism)：在心灵哲学中以功能来解释心理状态的观点。

共相(Universals)：个别事物所拥有的或与之相关的普遍属性或观念(如红色的汽车)。

观念论(理想主义，Idealism)：在形而上学和认识论中，指的是一种认为我们无法感知到独立的现实，而只能感知到我们自身知觉的普遍观点；在政治和国际关系中，指的是一种认为外交政策应该反映一个国家的内部政治理想的信念(可参考，现实主义)。

归纳(Induction)：一种结论超出前提的论证；亦指由归纳问题所带来的不确定性。

后现代主义(Postmodernism)：一场(特别是)欧洲大陆哲学家质疑真理和客观性之可能性的普遍运动。

怀疑主义(Scepticism)：一种怀疑和质疑我们对事物之认识的正当性的普遍方法。

基础主义(Foundationalism)：一种认为"所有的知识最终都必须建立在不可否认之真理的基础上"的认识论观点(如笛卡尔)。

极权主义(Totalitarianism)：一种为了国家而限制个人自由的压迫性政府形式。

经验主义(Empiricism)：一种认为知识最终是由感官经验所证明、并由感官经验所组成的普遍方法。

决定论(Determinism)：一种认为所有行为都是被某些原因(如物理原因、遗传原因、环境原因)所决定的观点。

理性主义(Rationalism)：一种将知识视为最终由理性观念所证明、并由理性观念所构成的普遍方法。

美德伦理学(Virtue ethics)：一种主张"善与幸福均源于对高尚的个人品质的培养"的道德理论。

目的论的(Teleological)：拥有固有的目标、目的或设计的。

启蒙运动，启蒙运动时期(Enlightenment, Age of)：17—19世纪，强调人的理性是知识基础的文化时期。

认识论(Epistemology)：一个涉及知识、知识的定义，以及确保知识之方法的哲学分支。

融贯论(Coherentism)：一种认为我们信念的正当性在于与其他信念相一致的观点。

神正论(Theodicy)：一种在邪恶与苦难现实存在的前提下，对上帝之本性和存在的证明。

实在论（现实主义）(Realism)：在政治哲学中、特别是在国际关系中，指的是一种认为所有国家的行为都是出于自身利益的观点（可参考，理想主义）。在认识论和形而上学中，指的是一种独立于我们信念的、对现实世界存在的确信。

同义反复(Tautology)：因其形式（如"A=A"）而必然正确的命题。

唯我论(Solipsism)：一种"只有我存在"的信念。

无穷后退(Infinite regress)：一种其中每一个命题的理由都需要进一步的理由（以此类推，以至无穷）的谬误论证。

物理主义(Physicalism)：一种认为唯有物质存在的信念；在心灵哲学中，指的是一种认为心灵只是物质性的大脑的观点。

现象学(Phenomenology)：一场根据我们对世界的主观经验来处理哲学问题的运动。

相对主义(Relativism)：一种认为"客观的"真理或价值仅仅是相对于其他事物而言的观点。

形而上学(Metaphysics)：一个与实在之终极本质相关的哲学分支。

行为主义(Behaviourism)：一种认为心理过程可以用实际的或潜在的行为来解释的理论。

虚无主义(Nihilism)：一种否认生命或世界有任何固有意义或目的的观点。

循环论证(Circularity)：一种在某种程度上依赖于其试图证明的命题之真实性的论证。

演绎(Deduction)：若形式有效、前提为真，则结论也为真的一种论证形式。

一元论(Monism)：一种认为所有存在的东西最终都是单一实体的观点（如斯宾诺莎、巴门尼德）。

义务论(Deontology)：一种从对道德规则、道德原则的义务和责任来看待伦理学的方法。

意向性(Intentionality)：一种与心理经验是"关于什么"（其主观态度或观点）相关的性质。

自然权利(Natural rights)：一种认为人类拥有独立于法律或习俗之固有权利的观点（如洛克）。

自然哲学(Natural philosophy)：古希腊（前苏格拉底时期）哲学家的早期科学理论；自然科学的别称。

自然主义(Naturalism)：一种认为"自然世界就是一切存在着的东西"的信念；在伦理学领域，指的是一种关于善是某种自然属性（如快乐）的信念。

自由(liberty)：个人在政治环境中的自由(freedom)。

自由意志主义（古典自由主义）(Libertarianism)：在形而上学中，指的是"我们有自由意志"的信念；在政治哲学中，指的是一种主张个人最大自由、国家最少干涉的理论。